Real Innovation Mind

リアル・イノベーション・マインド

株式会社ベーネテック
代表取締役
狩野国臣

3年先が読めない時代の
生き残り戦略

現代書林

はじめに

踊り場で悩める企業の皆様へ

私は学生の頃に経営コンサルタントの資格を取得しましたが、結局大手企業に就職し、約30年間エンジニアとして製品開発、研究開発等のイノベーションにかかわる仕事をやってきました。その後、約１０００人の経営トップの方々や業界のリーダー様の話を聞く機会を通じて、成長を続ける企業の共通点が見えるようになりました。


その後、経営コンサルタントとして起業し今年で3年がたちます。

最初はＩＴ関連企業が多かったのですが、最近では製造業、飲食業、食品加工業等に至るまで多岐にわたっています。

私のコンサルティング形式は特定業務の改善提案ではなく、中堅・中小企業の経営者のお困りごとを、パートナーとして支援する「参謀型」のスタイルをとっています。

そうする中で私は、お困りごとを抱えている企業にもパターンがあることに気づきました。

起業当初は小さいチャンスをものにしながらビジネスが次第に大きくなる、軌道に乗ると仲間がまた増える、その中からスターが出てきてさらに業績が上がる……。

しかしこのように頑張ってきた経営者もある時に経営の踊り場を感じ始めます。

「頑張っている割にはいまいち業績が上がらない」

「俺の言っていることをなぜ理解してくれないのだろうか？」

こんな、悩みを抱えている経営者が意外に多いのです。

新しい事業にチャレンジしたい企業経営者のほとんどの方が

「どんな製品やサービスを提供すればよいのだろうか？」

「将来を見越した設備投資や人材教育に先行投資したいが資金繰りは大丈夫か？」

そう思っています。

改めて言うまでもありませんが、経営者とはそれぞれの企業のトップ、最高責任者です。

その分責任も重く、悩みも多いことでしょう。

そのような重圧の中でもチャレンジすること、変わることに問題意識を持つこと、それ自体が素晴らしいことなんです。

そこで本書でお伝えしたいことは、そういった経営の踊り場にきている企業が、今後さらに伸びていくために何をすべきかということです。

実はその答えはとてもシンプルなんです。お客様のためになることをとことん考え抜いたうえでイノベーションを起こし続けることです。あなたの会社をもっと成長させたいのなら、あらゆる手を使ってこれを実現するのが最短の道です。

もちろん、中小企業に潤沢な資金があるケースはまれなので、身の丈に合ったところからやれるプチ・イノベーションから始めるのが良いでしょう。

そもそもイノベーションとは実際にどういうものか。「新機軸だ」とか「変革することで、必ずしも技術は必要ではない」等と言われますが、手に伝わる感触としてとらえられていない方もたくさんいると思います。

先述した約1000人の経営トップや業界のリーダー様の話を聞いて確実に言えるこ

とが一つだけあります。それは未来のことは誰もわかってないということです。

一方で、Apple の創業者スティーブ・ジョブズ氏やアマゾンの設立者ジェフ・ベゾス氏、あるいは起業家のイーロン・マスク氏はなぜ成功したのでしょうか？　それは顧客の望むこと、技術の進化、社会の変化等をとことん考えたうえで、小さい第一歩から始め、信念をもって行動したからです。その結果、世界の大企業になっているのです。

確かにこのような偉業を成し遂げる方はごく一握りかもしれません。「そんな大げさなことは、ウチの会社規模には関係ない」という声が聞こえてきそうです。

しかしちょっと待ってください。

1940年代に生まれたコンピューターはこれまで数十年の進化の過程で様々な創造と破壊を繰り返してきましたが、それは主に技術屋が住む狭い社会[illegible]て起きたことです。

それが2007年に iPhone が登場した頃から、そのような力が一般の社会や日常生活に浸透してきたわけですから、何が起きてもおかしくない時代に入ったということです。

逆に言うと、どこにでもイノベーションのチャンスが、[illegible]ている。しかも時代の必然としてオープンイノベーションが進展し、イノベーションを起こすための七つ道具は誰でも使えるようになってきました。

つまりイノベーションというのは決して大企業だけのものではない、いやむしろ中小企業やスタートアップのほうが新たな市場の創造者に向いているのではないでしょうか。ただ、そのイノベーションを成功させるためには「流れを読む眼」や「事実へのグリップ」等いくつかのコツをつかむ必要があります。

本書ではそのような視点と方法論を皆さんとともに考えていきたいと思います。

本書を読んでいただいて、自社のビジネスの改革に意欲がわいたなら、ぜひ私と一緒に、「革命」を起こしていきませんか！

イノベーションパートナーとして、その日を心待ちにしています。

2018年3月

狩野 国臣

『Real Innovation Mind』目次

第一章　イノベーションの波を捕まえる方法

第二章 コンピューターの進化は未来を語る

第三章 今から起こすイノベーションのヒント

第四章 七つのテーマから情報へのグリッド力を磨く

第一章

イノベーションの波を捕まえる方法

Method to Catch A Wave of The Innovation

踊り場にぶつかった企業の三つの選択肢

踊り場にぶつかってしまった悩み多き経営者は、次にあげるいずれかの選択肢を選ぶようです。

その1　当初の目標が達成されたことにより巡航速度、すなわちとにかく今の状態をなんとか維持しようとする。

その2　仲介業などにより更に規模を拡大する。

その3　仲間とともにさらなるイノベーションを模索し、高付加価値経営の実現を図る。

その1を選んでしまうと、変化のスピードがかつてないほど早くなっている現代のビジネスの世界では、アッという間にライバルに差をつけられ、気がついた時には取り返しのつかないことになりかねません。

その2のような、付加価値の低いビジネスは景気動向に左右されやすく、また単なる仲介業も生き残ることは難しくなるでしょう。

つまり、賢明な経営者に残された選択肢は、その3しかないのです。

ここで私が言う「高付加価値」とは、少ない変動費で、高い売り上げをあげることを意味します。そして、それを実現するためにはイノベーションが欠かせないのです。

実際、私自身、「イノベーションによる高付加価値経営を目指す経営者の参謀として支援する」というミッションを掲げ、クライアント先とお付き合いさせてもらっています。

経営者の皆様に、再び起業時の思いを呼び覚ましてもらい、高付加価値企業を目指したビジョンを明確にしたうえ、それを確実に実現していく、そのためのお手伝いをさせてもらっているのです。

高付加価値経営を目指すために、どのようなイノベーションを起こすのかを、腹に落ちるまで検討し、その方向性が決まったらそれを企業理念、企業方針、ビジョン等に掲げ、それに基づいた中期計画、事業計画等を立て、それを社員とともに共有し、自分たちの企業の進んでいく方向を明確に打ち出していく。

これが私のコンサルティングスタイルです。

「高付加価値」の測り方

先ほど、「イノベーションによる高付加価値経営を目指す経営者の参謀として支援する」というのが、私のコンサルタントとしてのミッションだとお伝えしましたが、まずは高付加価値の指標の見方を見ていきましょう。

左の図表を見てください。

これはMG（MQ戦略ゲーム）の開発者として知られる西順一郎先生が開発したSTRAC表というもので、企業の売り上げ、経費、そして利益の関係をわかりやすく分解、図示したものです（戦略会計STRAC（ストラック）とは、戦略（ストラテジー）と会計（アカウンティング）をかけ合わせて作られた西順一郎先生の造語です）。

まずは、STRAC表の構成要素を、順を追って説明していきましょう。なお、説明中の用語は西先生の説明に準じています。

まず、図中の①売上ですが、これについては細かい説明は必要ないでしょう。言葉通り、

STRAC表

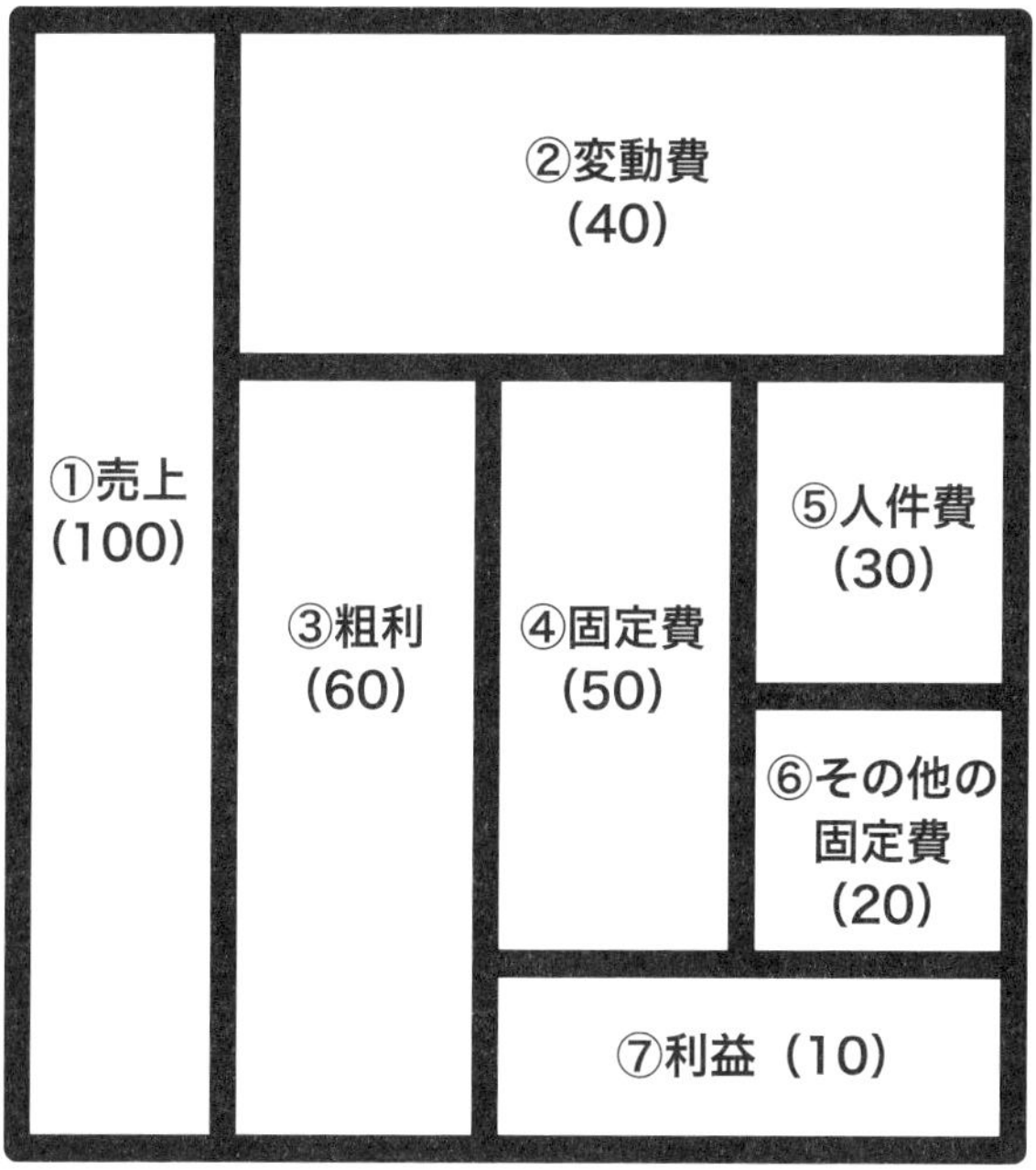

出典：西順一郎先生の発表資料をもとに作成

それぞれの企業の総売上高です。

②の変動費ですが、これは売り上げの増減に伴って変動する費用を指しており、材料費や外注費などが含まれます。

この変動費を売り上げから引いた金額が、粗利（＝③）となり、企業が生み出す利益の源泉、つまりその企業の付加価値ということになります。

粗利から固定費を引いたものが、その企業の利益（＝⑦）です。この利益から法人税を差し引き、減価償却費（その他の固定費に含まれる）を加算、さらに借金元本の返済を差し引いた後に、余ったお金が将来への投資の原資となります。

④の固定費は大きく⑤の人件費（＝給与＋法定福利費＋厚生費）と、⑥その他固定費に分けることができます。

⑥の「その他の固定費」の中には従業員数に比例して増える費用が含まれます。例えばパソコン購入費、教育費、交通費、旅費、通信費、退職金積立金等が該当します。

通常、従業員数は一会計期間ではほぼ一定なので、④固定費＝⑤人件費＋⑥その他の固定費と理解しておけばよいでしょう。

さて、ここまでSTRAC表の構成要素の説明が済んだので、次に儲かる企業体質に転換するために、何をするべきかを考えていきましょう。

企業、特に中小企業にとって注目すべき最も重要な指標は、労働分配率です。労働分配率とは、粗利からどの程度人件費に振り分けられているかを示す指標で、労働分配率＝人件費÷粗利という式で計算することができます。

17ページの図の例で計算すると、この場合の労働分配率は50％（30÷60）です。装置産業の場合、労働分配率が10％を切ることもありますが、その他の産業では、40～60％程度の労働分配率が一般的です。

警備、介護、情報処理等のサービス業の多くは、労働集約型の業種なので労働分配率が70％程度になることも少なくありません。

つまり、装置産業を除くほとんどの業種では、最終利益に最も影響を与える要素が労働分配率なのです。

「同じ釜の飯を食っている仲間が頑張っているので、なるべく賃金を上げてあげたい」という人情深い経営者がいるかもしれませんが、固定費の大部分を占める人件費を安易に上げていくと、損益分岐点が上昇してしまい、売り上げが落ちると赤字に転落しやすい企業体質になってしまいます。

では、経営者として、どのような企業経営を目指せばよいのでしょうか?

②の変動費は売り上げに比例して増減します。逆に言うと②変動費は「売り上げを上げるために必要な投資」とも、とらえることができます。

だとすれば、少ない投資（変動費）で高い売り上げを上げることができるのが、企業が目指すべき理想だと言えるでしょう。

低い変動費率、あるいは高い粗利率を確保できる企業体質を作り上げることができれば、同じ労働分配率であっても賃金は上昇し、来期のための投資も増やすことができるからです。これが高付加価値経営を目指す理由です。

高付加価値経営になぜイノベーションが必要なのか

では、この高付加価値経営の実現に、なぜイノベーションが必要なのでしょうか。

イノベーションという言葉が日本に入ってきて、特にビジネスシーンでは当たり前のように使われるようになって随分と時間がたちましたが、この言葉の定義をきちんと考えたことはあるでしょうか?

イノベーションという言葉は、「技術革新」と訳されることが多く、技術系の企業の専売特許のように思われている方も少なくないでしょう。しかし、私がお勧めしているイノベーションは、必ずしも技術革新や新しい発明を伴うものではありません。

イノベーションを私なりに定義すると、「誰もやっていない商品・サービスを提供することで、顧客に新しい価値を提供し、新市場を切り開く」こととなります。

十数年前に、フランスの名門ビジネススクールであるINSEADのW・チャン・キム教授が書いた『ブルー・オーシャン戦略』（ランダムハウス講談社）という本が話題になりました。

この本の中で、キム教授は「血みどろの戦いが繰り広げられる既存の市場〈レッド・オーシャン（赤い海）〉を抜け出し、競争自体を無意味なものにする未開拓の市場〈ブルー・オーシャン（青い海）〉を創造すること――これこそが、熾烈な競争環境を生きる企業が繁栄しつづけるための唯一の方法である」と主張していますが、このブルー・オーシャン戦略などは、まさにイノベーションのメリットを表現していると思います。

競争のない市場であれば、競合会社との競争にさらされることも、価格競争に巻き込まれることもないので、高い単価を維持できます。その結果、少ない変動費で、高い売り上げをあげる高付加価値企業となることが可能になるのです。

反対に、イノベーションを起こさないとどうなっていくでしょうか？　既存の市場にしがみつき、限られたパイを既存のサービスで奪い合う状況になると、ライバルに打ち勝つために価格競争に巻き込まれ、かつ広告宣伝費等の販売費が上昇してしまいます。しかし、ユーザーにとっての利得は増えているとは言えません。つまり縮小した利益を決まったプレイヤー同士でとりあうという、まさにレッドオーシャンでの戦いになってしまいます。

技術よりも「市場の創造」が革新的だった iPhone

見事イノベーションを果たし、新市場を作り出した商品の典型的な成功事例が Apple の iPhone です。

iPhone 発表前の Apple の時価総額は760億ドルでしたが、2007年1月に初代を披露してから8年後の2015年には米国企業で初めて7000億ドル（当時のレートで約83兆6000億円）を突破（FORBES の2015年10月の調査報告）。iPhone 発表前と比較して、実に9倍もの成長を遂げています。現金保有額も25兆円で、2位のマイクロソフトの約2倍というキャッシュリッチ企業となっています。

技術者の間ではよく知られた話ですが、イノベーションの成功例として語られることが多い Apple の iPhone も、実は機械そのものに特に革新的な技術が使われているわけではありません。2007年に初代の iPhone が発表された時には、それまでの携帯電話の

ようにボタンで操作するのではなく、スクリーンに直接指で触れて動かすことも、一般ユーザーの目には新しく映ったかもしれません。しかし、このようにスクリーン上をなぞってコンピューターに指令を与える手法を使った商品は、私自身も１９８０年代前半に製品化したことがあり、技術者にとっては目新しい技術ではなかったのです。

iPhoneのもたらしたイノベーションとは、指によってアイコンを操作し、音楽の視聴はもちろんのこと、世界中の開発者が作ったありとあらゆる便利なアプリケーションが使える、超小型のネットワーク常時接続型の電話機、すなわちスマートフォンという市場を作ったことです。

技術そのものではなく、ユーザー視点での市場を切り開くこと。ここが重要なポイントですが、その概念は第二章で詳しく見ていくこととします。

Appleの創業者スティーブ・ジョブズ氏の狙い通り、スマートフォンは人々の潜在ニーズに見事にマッチし、世界中から熱狂をもって受け入れられました。

iPhoneの成功により、新しく生まれたこの市場には、多くの企業が類似の商品を開発し参入しました。その結果、スマートフォンの累計販売台数は２０１３年までに10億台

を突破し、２０１６年には全世界のスマートフォン使用者の数は20億人を超える大ヒットになったのです。

すでに多くの企業がスマートフォン市場に参入し、格安の商品も数多く販売されているので、スマートフォンも近い将来コモディティー化し、販売台数も伸びなくなることは避けられないでしょう。

しかし、iPhone という一つの商品でイノベーションを起こし、全世界の人々の暮らしを変えた功績は未来永劫讃えられるべきでしょうし、ジョブズ氏は The King of Innovation の名にふさわしいイノベーターです。

プチ・イノベーションをモノにしよう

ジョブズ氏のように、世界的に有名なイノベーターを例に挙げると、「そんな偉人を引き合いに出されても……」と思われる経営者も多いのではないでしょうか？

また、イノベーションというと、先ほども述べたように、大企業の専売特許のように感じられてしまう方も少なくないと思いますが、私がお勧めしているイノベーションは、必ずしも技術革新や新しい発明を伴うものではありません。

もちろん、メガヒットを狙う新規事業などもイノベーションには含まれますが、中小企業でも可能な「商品やサービスの差別化」に相当する小さなイノベーション（プチ・イノベーション）も立派なイノベーションだと考えています。

要は、「人がやっていないこと」「新しいこと」を始め、顧客の新しい価値を創造することを幅広く、イノベーションとしてとらえていただきたいと思います。

イノベーションを起こす流れを読む

現在の踊り場から脱却し、鮮やかに蘇るためには、イノベーションを現実のものにするための手法あるいはイメージ作りが重要です。

「イノベーションを起こすイメージ」作りをするには、コンピューター史の流れやそれを支えてきたソリューション史を振り返り、どのように潜在的ニーズが顕在化して機械やサービスが選好されてきたかという「ニーズの連鎖」を把握する習慣を持つことが大切です。

私は長年ＩＴ業界に携わり、コンピューターという分野で多くのイノベーションを目の当たりにしてきましたが、この世界で起こってきた革新の数々は、どの分野、どの産業にも当てはまる「ニーズの連鎖」を如実に物語っていると言えます。なぜなら、人類は、10万年の歴史の中で様々な新しいツールを手に入れるたびに、自分たちの生活をより良いものにしてきました。そして人類が70年前に手に入れた最新のツールがコンピューターだからです。

コンピューターの発明によって、人間は、人間の頭脳を上回る「計算力」を手に入れました。そして、現在のインターネット、IoTや人工知能、ロボット、３Ｄプリンターなどの進化もすべてコンピューターがそのベースとなっています。

こんなコンピューターでも、かつてはこれを使うために自転車で計算機棟に行き、入力にはパンチカード、出力は紙テープを使っていました。それがあっという間にダウンサイジングをしていき、現在では手のひらにすっぽり収まるモバイル機器、ウエアラブル機器、ひいては体の内部に入り込めるほどのインプラント、インボディに浸透していこうとしています。

この現象から見えてくる二つの視点が「スピード」と「サイズ」です。進化とともに高速化し、ダウンサイジングしてきたことが、ＩＴ分野のイノベーションに大きく貢献してきたということは疑いもないでしょう。後ほど説明するチップの進化は、まさにこのベクトルに向かって行きました。詳細は後の章で解説します。

しかし、果たしてただ単に「速く」「小さく」すれば、イノベーションを我が物にでき

イノベーションを起こすイメージ

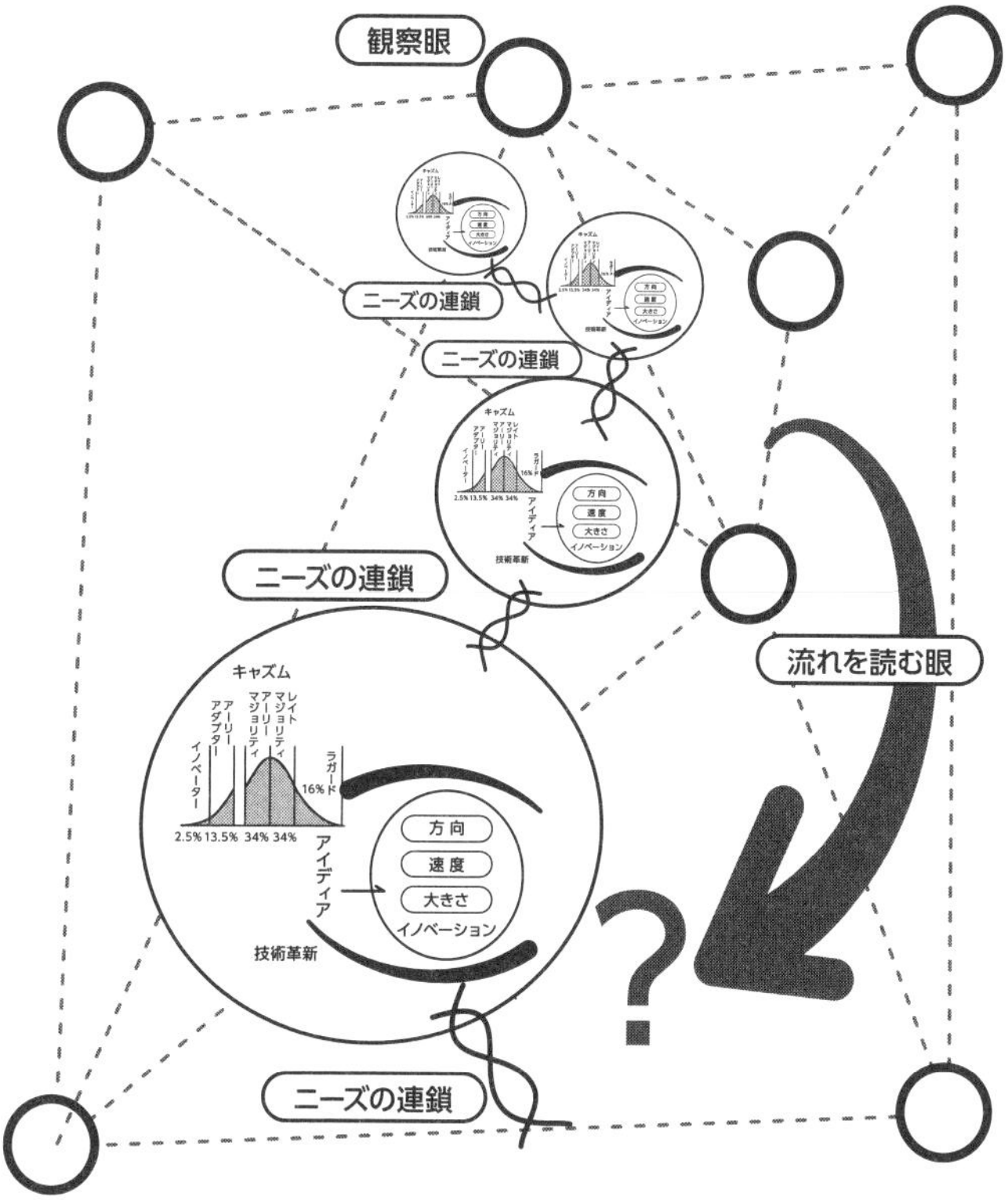

るのでしょうか？

私は、コンピューターの「使われ方の流れを読む」ことが重要だと思っています。あくまでも社会に歓迎され浸透していく（＝それが新市場を生み出す）ためには、起点は消費者の欲望にあると思います。いくら新規性のある、高性能な技術を投入しても、消費者のニーズに応え、生活をより良いものにできなければ、それらが広まることはありません。また、このニーズの発生とそれに応えていく技術革新には、一種の「連鎖」のようなストーリー性があります。

コンピューター分野でのイノベーションを参考にすることで、こうした多くのユーザーに選好されていく連鎖の流れを読むことができます。

大事なのは、そのユーザーの欲望を解決するためにベンダーがどのようなソリューションを行ってきたのか。言い換えれば、個々の技術革新が、どのような「使われ方の流れ」を読むことに成功し、あるいは失敗したのか、ということです。こうした視座に立ちこれまで起きてきたことを振り返ってみてはいかがでしょうか。

今までもやがかかっていたイノベーションの道筋が少しずつはっきりととらえることができるようになるばかりではなく、日々ニュースとなる発明、技術開発、商品開発、新規ビジネスなどの中から本物かどうかを観る目が養われ、そのような新しい物に対してより的確な対応がとれるようになるのです。

アマゾンはヤマトのドライバーをいじめているのか?

ソリューション視点でビジネスをとらえなおす。そこに新技術があるかないかは別の話、ということはおわかりいただけたかと思います。

しかし、このソリューション視点をぶれなく維持することは、様々な要因から非常に困難であることも事実です。現状を捨て、目新しいものを導入し進んでいくことは、皆、不安だからです。

わかりやすい例をあげてみましょう。世界を席巻するＩＴジャイアント・Amazon.comは、合計２５００円以上の商品を1時間以内で配達するサービス Prime Now やレジ無し店舗 Amazon GO 等、先進的な取り組みを推進しています。そして日本でかつてアマゾンの物流を引き受けていたのが佐川急便です。その後、アマゾンの度重なる運賃値下げとサービス向上の要求に佐川がギブアップし、現在ヤマト運輸がこれを受けています。

ところが、ヤマト運輸もアマゾンの要求には疲弊しているようです。配達量の増加に伴い人手不足が深刻化する中、同社は運賃引き上げとともに、夜間配達ドライバーを1万人配置するという計画を発表しました。また、アマゾンの当日配送の量を今後減らしていくという考えも明らかにしています。

昨今叫ばれている「働き方改革」とあいまって、ヤマトの深刻な人手不足と過剰労働、これに対するアマゾンの過剰なサービス要求、という図式でニュースでも取り上げられましたが、もしあなたがイノベーションを起こそうとしているならそのような報道に惑わされてはいけません。

先に説明した「流れを読む目」という視点でとらえるならば、私は、ヤマトが投資判断を見誤ったと考えています。

今後は個々人のニーズにマッチしリアルタイム立体採寸、動作特性保証されたものがすぐに手元に届くようになる。もちろん、衣食住全般や医療等も同様でしょう。

これまでオーダーメードの製品には、人間の手間と熟練した経験が必要なため質はよくても「高い」「時間がかかる」が当たり前でした。

しかし3Dプリンターや人工知能ロボットが生産現場の中心に位置するようになると、品質が高く安心なのは「メイド・イン・AIロボット」ということになるのかもしれません。

私はこのような産業形態をマス・カスタマイゼーションから一歩進んだインディビジュアル・インダストリーと呼んでいます。

その頃には社会全体がビックデータ解析や人工知能により予測された状態に置かれ快適な生活が保障されていくことになるでしょう。

この状況をもとに、先ほどの事例を考えてみてください。宅急便の再配達の際、不在連絡票にはドライバーの携帯電話番号が記載されています。休みなく配達を続けるドライバーの携帯電話に、いつ電話がかかってくるかわからない。その着信には応えなければならない。これは現在の技術水準で見ればひどく非効率で、労働環境を圧迫するのは目に見えています。

要するに、佐川急便がギブアップし、ヤマト運輸が引き受けると決まった時に、ヤマトはそこで情報システムも含めた物流革命をしておかなければならなかったのではないか、ということです。

ドライバー不足に備えて自動荷揚げ&荷下ろし、再配達の自動応答、交通情報も加味した最適な配送ルートをリアルタイムで表示するシステムは最低限構築しておくべきでした。

世の中の消費者のニーズを正しくとらえ、これを実現＝ソリューションするために、技術を駆使する。こういう発想に立つことが必要なのです。

この事例には、長く不況の続く日本が復活するために避けて通れない、もしくは大きなチャンスとなりうるような、「どうイノベーションを起こすか」という重要な論点が隠されています。ところが、残念ながらテレビのコメンテーターなどは「ドライバーがかわいそう」「下請けいじめ」などというニュアンスで、見当違いの意見しか語っていません。これはとても残念なことです。

もし今後、ヤマト運輸がアマゾンから撤退するようなことがあったとしたら、アマゾンは独自で物流体制を築くことでしょう。現に1時間配送サービスは実現化しています。それが世の中の流れだからです。

アマゾンは、新しく便利なサービスを日本に持ち込んだだけでなく、日本が新しい時代の変化に対応できるかどうかの宿題をつきつけた、と言えます。残念ながら、それに応える準備が、今のところできていません。もしかすると、それを実現できるのは、既存の巨大企業ではなく、どこにでもある中小企業なのかもしれません。

観察眼が大切

次章で、コンピューターのソリューションの歴史について簡単に解説していきますが、その前にもう一つ必要なことをお伝えしておきたいと思います。それは、実態や真実を観る観察眼、すなわち、起きている、起きてきた事象を表面的なものに惑わされずに、背景やより本質的な課題や問題点を観る力です。これが養われていないと、様々な判断が間違ってしまいます。

観察眼を身につける具体的な方法論については本書では深く切り込みませんが、第四章に、今後想定されるいくつかの予測を書いていますので、そこで視点の方向性や着眼点を確認していただき、観察眼とは何たるかをつかんでいただければと思います。

第二章
コンピューターの進化は未来を語る

The Evolution of The Computer Talks About The Future

社会のニーズをつかむ方法

先ほど、イノベーションとは、「人がやっていないこと」「新しいこと」を始め、顧客の新しい価値を創造することであると説明しました。

しかし、いくら「人がやっていないこと」「新しいこと」であっても、時代の流れや人々のニーズを無視し、あてずっぽうに進めても、成功することはできません。

今後、世の中がどのような方向に進んでいくのか、また、人々のニーズがどこに向かうのか、ある程度予見することが不可欠です。

そのための眼力を養うために、私がお勧めしたいのは、これまでコンピューターを中心とした技術がどのように使われてきたのか、そしてどのような製品が人々に選好されてきたのか、それらの連鎖の流れを読むことです。

今後のニーズの方向性が見えてくればそれに技術予測をマッピングする、そして確実にビジネスとして成功させるにはどうすればよいかを何度も反芻し、そして検証する、これがイノベーションの基本です。

「単体、万全、長期的」に象徴される工業社会ではPEST、SWOT、BSC、5F、3C等を使用した経営戦略論が主役でしたが、「連携、柔軟、迅速」に代表される今の社会では戦略から導かれる「ストーリー創りと検証」に経営の重心がシフトしています。

そしてそのすべてのベースに社会のニーズ、つまり人々のニーズがあるということになります。

本章では、それぞれの時代にどのような人々のニーズを取り込み、コンピューターがどのように発展を遂げてきたのかを振り返ってみましょう。

歴史①

高速・逐次・自動計算機能（1960年～）

現在使われているコンピューターの原型は、フォン・ノイマン型と呼ばれています。フォン・ノイマンとはアメリカの原子爆弾開発にもかかわった、ハンガリー生まれの数学者で、現在使われているコンピューターの基礎を理論面から築いた人物とされています。

フォン・ノイマン型以前にもコンピューターに近いものは存在していましたが、当時のマシーンでは計算内容によって真空管の配列や配線が異なっていたため、別の計算をするためには配線を改める必要があり、様々な計算をするにはまったくもって向いていませんでした。

この欠点を改善するため考え出された、フォン・ノイマン型コンピューターでは、計算手順をハードウエアから独立させてデータとして与え、計算は汎用のハードウエアが行うため、異なる様々な計算を高速で行うことが可能になりました。

これがフォン・ノイマン型コンピューターの最も画期的な点で、現在に至るまでコン

コンピューター発達の歴史

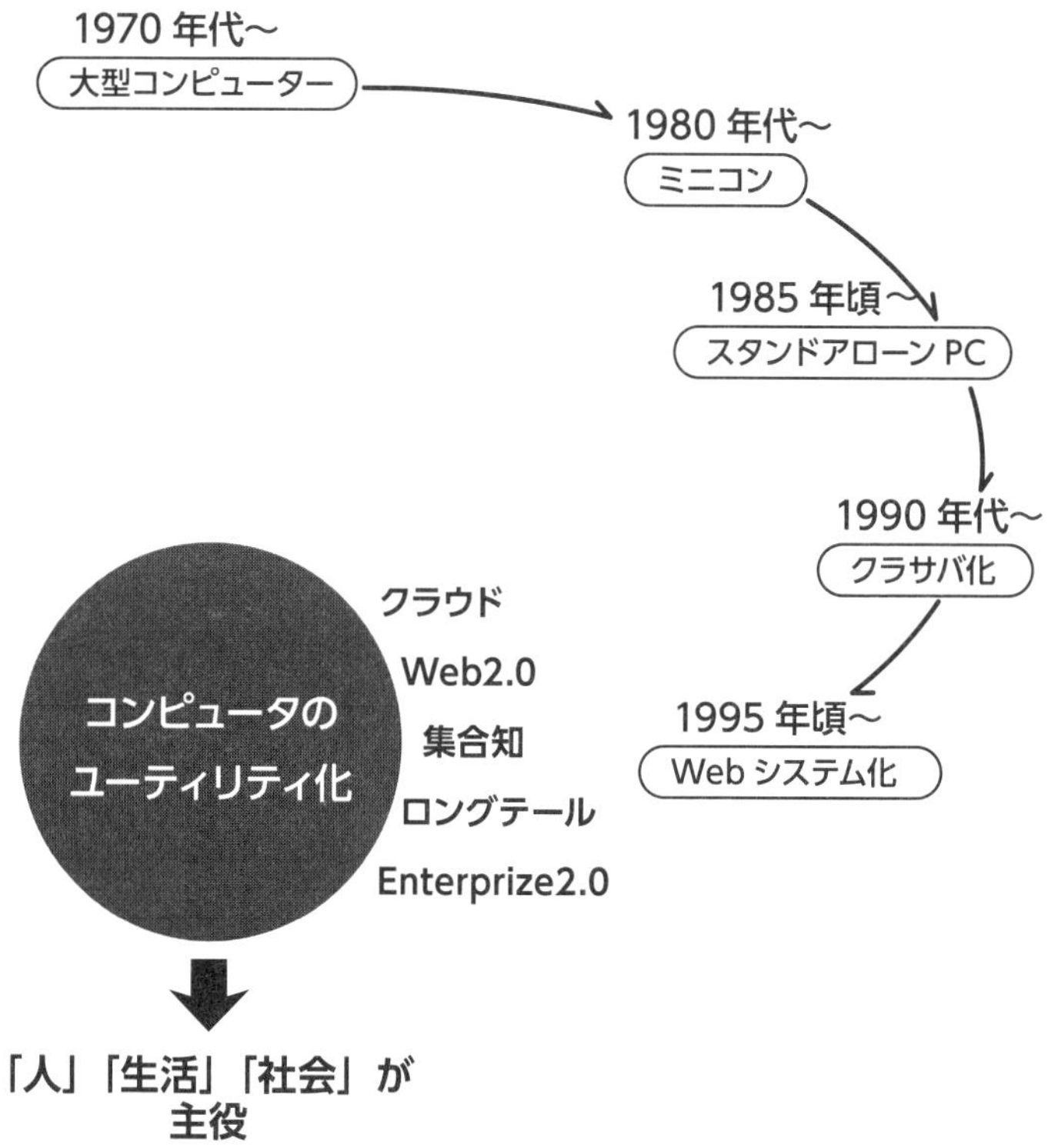

※年代は商用として一般的に使われだした時期を現す。

ピューターの主流となっています。

実際に、フォン・ノイマン型のコンピューターが世に出たのは、1960年代のことでした。最初のフォン・ノイマン型のコンピューターは、大型コンピューターという商品として市場に登場しました。

技術計算用のFORTRAN、ビジネス用のCOBOL、汎用言語としてのPL/1などの言語が使用され、自分で書いたプログラム通りに、人間には不可能な速度で計算をしてくれる大型コンピューターは、当時の人々にとっては、正に夢のマシーンだったのです。

高速・逐次・自動計算機能、これらが当時のコンピューターが応えたユーザーのニーズでした（「高速」といっても、現在のスマートフォンのほうが格段に速いのですが……）。

これらの大型コンピューターは「メインフレーム」と呼ばれるようになりました。

当時のメインフレームは非常に高価で、政府系の研究機関や大企業が主なユーザーでした。というのもメインフレーム（商用の汎用コンピューター）市場をほぼ独占していたIBM(Sytem/360)が、強気の高価格戦略をとることができたからです。

ＩＢＭは回収した大量の資金を、次のメインフレームの研究開発に投資していくという、理想的な高付加価値経営を実践していきました。

Solution

ソリューションのまとめ

高速、逐次、自動計算機能、
専用コンピューターから
あらゆる機能を処理できる汎用コンピューターへ

歴史②　低価格競争（１９７０年〜）

１９７０年代に入ると、欧米や日本の電機メーカーや半導体メーカーがＩＢＭ機を研究し、ＩＢＭ機で作動するミドルウエアや、アプリケーションがそのまま使える互換機を、より低価格で提供するビジネスを展開するようになりました。

これがいわゆる「ＩＢＭ互換機」で、ＩＢＭに先を越された日米欧のメーカーにとって、この時点でこの市場に参入する最善の選択肢でした。

これらの互換機は、多少の互換性や品質に目をつむれば、格安でメインフレームが手に入れられるということで、ユーザーに受け入れられ、一つの市場を作っていきました。つまり、ＩＢＭの寡占状態で高価格のコンピューターしかなかった時代から、競合各社が参入し互いが競争する時代に移ったのです。

そして、この時代にユーザーをとらえたのが「低価格」というニーズだったのです。

日本勢で初めてＩＢＭに戦いを挑んだのが、１９７5年にFACOM Mシリーズを発売した富士通で、その後、日立製作所がHITAC Mシリーズを発売、ＮＥＣ、東芝、三菱電機等が後に続きました。

低価格な互換機メーカーが台頭し始め、次第に追い上げられたＩＢＭが満を持して発表したのが超大型機３０８１Ｋ（System/370-XA）です。このコンピューターには互換機メーカーの解析を難しくする、ＯＳのファームウエア化や熱伝導モジュールの搭載など対抗手段がとられていました。

当時のＩＢＭのメインフレームは米国の国益にも直結していたため、１９８０年には米国で初めてコンピューターのプログラムを、著作権法で保護するという法制度が設けられ、ＩＢＭのSystem/360をはじめとしたメインフレームのすべてのプログラムが法律で守られることになりました。

米国のこの措置に対して、各国の「互換機メーカー」からは非難の声が上がりましたが、米国にとって、あくまで国内法であり内政干渉ということで、相手にされませんでした。

このような時代背景の中で１９８2年、かの有名な「ＩＢＭ産業スパイ事件」が起きます。

ＩＢＭと組んだＦＢＩが３０８１Ｋの技術文書を餌に、「おとり捜査」を実施しました。

何も知らない日立製作所はこの罠に見事に引っかかり、組織ぐるみの犯行であることが動かぬ証拠をもって立証されてしまい、工場長を含む6名の日立製作所の社員に逮捕状が出てしまったのです（三菱電機の社員も一人逮捕されました）。

この事件にかかわったアメリカの立法府、政府（ＦＢＩ）、民間（ＩＢＭ、ＩＢＭ系コンサル会社）の絶妙な協力関係は見事ではありましたが、当時の時代背景や国益などを考慮すると、このような事件が起きるのは必然だったと言えるでしょう。

これら一連の事件を受けて、日本でもコンピュータープログラムの法的保護の重要性が認識されるようになり、１９８５年に著作権法の対象としてコンピュータープログラムが追加されました。

ちなみに、日立製作所は１９８３年2月に、司法取引によってこの件の幕を引きます。そして、その後、日立製作所はＩＢＭとの提携路線に転じて、ＩＢＭ互換ビジネスをむしろ拡大していくことになりました。

一方、おとり捜査を事前に察知した富士通は、事件に巻き込まれずに済みましたが、その後、ＩＢＭから係争を起こされ、結局ＩＢＭと和解ができたのは１９８８年と後れを取ることになってしまいました。

Solution

ソリューションのまとめ

互換機メーカーによる低価格の実現

歴史③ ダウンサイジングで使いやすく(1980年～)

大型のコンピューターが比較的安価に手に入るようになった1980年代、コンピューター市場では新たなニーズが沸きあがってきました。「使いやすさ」です。

当時のメインフレームは、ビルのワンフロアーを占めるほどの大きさで、大変幅を取り、設置するのも大変でした。

そのため、コンピューターがオフィスの中に入りきらず、コンピューター用の建物をオフィスとは別に構え、そこに設置する企業が少なくありませんでした。

そのため、コンピューターに計算をさせるジョブを投入するのに、わざわざコンピューターの備えてある場所にまで出向く必要がありました。実際、筆者もプログラムを実行するためにはコンピューターが設置してあるビルまで自転車を使っていました。

さらに、計算をさせるにはプログラムをカードパンチャーで打ち込み、でき上がったパンチカードの束にジョブ制御言語（ＪＣＬ）を添えて専用オペレーターに渡すという手順を踏む必要があり、いま思うと「よくあんな面倒くさいことをやっていたな」とつくづく思います。

しかも、この煩雑な手順を踏んだうえでも、結果を手にするのに、短くて数時間後、時には翌日まで待つ必要があったのです。

「この使い勝手の悪さを何とかしてほしい」と、当時コンピューターを使っていたエンジニアのすべてが願っていました。そして、ついに救世主のようなマシーンが登場したのです。ミニコン（ミニコンピューター）です。

ミニコンは大きいものでも大型冷蔵庫ほどで、一部屋に一台設置ができるようになったのです。当時は部屋にいながらにコンピューターが使えることに涙が出るほど感激したのを覚えています。

このようにコンピューターの小型化（とはいえ、まだ相当大きいですが）を可能にしたのが、トランジスタ技術や磁気コアメモリ技術などでした。

このようにメインフレームからミニコンへ、コンピューターのサイズが大幅に小さくなったことは、当時のコンピューターユーザーからもろ手を挙げて歓迎され、１９７０年代から開発を進めてきたミニコンやワークステーションの新興のベンダーが、よりコンパクトな製品をより安くつくる流れが加速していきました。

ソリューションのまとめ

Solution

トランジスタ技術や
磁気コアメモリ技術などによる小型化、
ひいては使いやすさ

歴史④ パソコンがダウンサイジングの流れをさらに進める

ミニコンが次第に普及し、メインフレームに代わってコンピューターの主役になるのとほぼ同時期に、コンピューターの小型化を一気に進める、ある画期的なデバイスが開発されようとしていました。マイクロプロセッサです。

マイクロプロセッサ開発の源流は、1960年代後半に日本で起きた電卓開発戦争に見出すことができます。

1960年代の後半、日本ではシャープやカシオなどの電卓メーカーの間では、「電卓をより小さく、より早く」することを競い、電卓開発競争が起きていました。

日本計算器販売（後のビジコン）の電卓開発の技術者だった嶋正利氏は、新しい電卓開発のため、当時設立したばかりのインテルに電卓用の超小型コンピューターの開発依頼をしました。

その間、紆余曲折はあったものの、嶋氏とインテルのフェデリコ・ファジン氏の粘り強い共同開発が実を結び、１９７０年についに世界初のマイクロプロセッサ、４００４が開発されました。

４００４は4ビットの演算能力を備えていましたが、当時のメインフレームは32ビット、ミニコンピューターは16ビットが主流だったこともあり、インテルの首脳部は、４ビットの４００４をおもちゃ扱いし、さほど重大事としてとらえていませんでした。

しかし、しばらくしてインテルの幹部たちも、この製品の将来性を理解するようになり、１９７１年11月にはＭＣＳ‐４として発表されました。

この時の4ビットのマイクロプロセッサは、後にパーソナルコンピューター（パソコン）と呼ばれるようになる小型のコンピューターに搭載され、ついにコンピューターが机の上に置かれる時代を迎えることになったのです。

マイクロプロセッサは、その後8ビット、16ビットに進化していきました。インテルはＯＳメーカーのマイクロソフトとも、Wintelと呼ばれる黄金時代を築いていくことになるのは、皆さんもご存知の通りです。

インテルはその後、サーバー製品にも対応し、32ビット、64ビットのXeonを製造し、今や世界最大のＣＰＵベンダーになっています。

１９８０年前後のパソコンの黎明期には、Apple、タンディ・ラジオシャック、コモドールが御三家と呼ばれていました。

若かりし日の私自身、ラジオシャックのTRS-80のBASIC言語を使って、友人や恋人を楽しませるため、インベーダーゲームを作ったりして遊んだのを懐かしく思い出します。

ただし、１９８０年代のパソコンはＣＰＵのオーバードライブや、メモリの増設、ネット接続するための電話回線や様々な周辺機器の接続（SCSI）などが必要なうえ、手作業でのコマンド入力、ソフトウエアのインストールや設定作業も必要だったため、ユーザーは技術者やアマチュアのマニアに限られていました。

それでも、コンピューター一台を占有してソフトウエア開発ができるというのは、多くの技術者にとっては長年焦がれた夢のような環境だったので、パソコンは急速に世界中に普及していきました。

Solution

ソリューションのまとめ

マイクロプロセッサの開発による
パーソナルコンピューターの誕生
一台を一人で占有し、ソフトウエア開発が可能に

歴史⑤ 乱立するコンピューターの管理（1980年〜）

パソコンの使い勝手が進化するにつれ、理科系技術者だけではなく、書類作成や表計算などのツールとして、一般企業でもパソコンを導入する企業が増えていきました。ジャストシステムの日本語ワープロソフト一太郎や、表計算のLOTUS1-2-3などが普及し、次第に一般のビジネスマンがあちこちでパソコンを使い始めるようになると、データを共有するためのサーバーが必要になっていきました。

そこで、パソコンが得意な人が必要に応じて、個別にサーバーを立てはじめるようになりましたが、これらのサーバーは、はじめのうちは部署ごとで独立しているのが普通でした。

時がたち1980年末頃になると、世界的に導入が進んでいたマイクロソフトのワードやエクセルによる文書・ファイルを使う企業が増え、各企業全体で社内文書を統一して管理するようになり、それに伴い各企業は会社全体のパソコンやサーバーを管理する

クライアントサーバーシステムへ

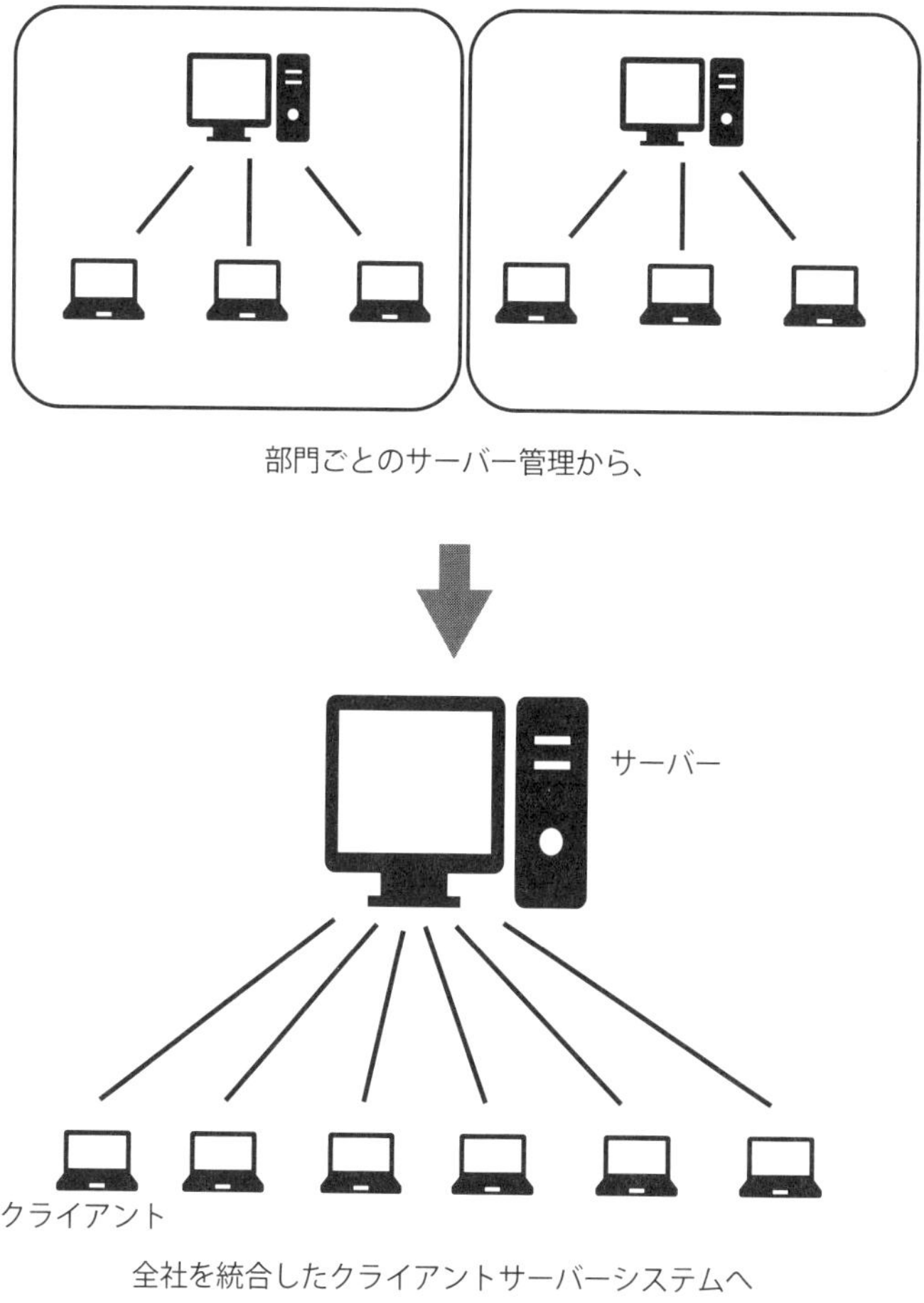

ようになりました。

一方、コンピューターをパケット交換方式で、ネットワークで接続する試みは、１９６０年代からＤＡＲＰＡ（当初ＡＲＰＡ）で行われていました。その後の１９８３年に、プロトコルがそれまでのＮＣＰ方式からTCP/IPに切り替えられ、今のインターネットの原型が実現しました。

そこで登場したのが、クライアントサーバーシステム（クラサバ）です。１９９０年代には、ほとんどの企業でクラサバが導入され、社員は一人一台のパソコンが与えられるようになっていったのです。

ソリューションのまとめ

Solution

ビジネスユースなどでの
パーソナルユースの浸透
オフィス管理のための
クライアントサーバーの誕生

歴史⑥ インターネットで世界とつながる

世界中のビジネスマンが一人一台のパソコンを手に入れると、今度はメールやニュースなどで、世界中の人たちと情報交換したいというニーズが沸きあがってきました。

それを実現したのがEメールやWWW（ワールドワイドウェブ）でした。

それまでの電話やFAXに加え、Eメールは新しい情報伝達手段としてビジネスの現場だけでなく、一般家庭の中にも急速に広まっていきました。

一方の、WWWはHTML等のハイパーテキスト記述言語を利用することで、使い勝手が格段に向上し、業務用システムにも積極的に使用されるようになりました。

特に1995年にマイクロソフトから発売されたWindows95が大ヒットしたことから、一般家庭へのパソコンの普及が急速に進み、Eメールの利用はもとより、ホームページ作成ソフトを使って、自らのサイトを立ち上げ情報発信するユーザーも多数出現しました。

このように、誰もがコンピューターを通じ、世界中に情報発信をしたり、世界中の人とつながれる環境が整うと、インターネットを利用したビジネスが米国を中心に急速に拡大していきました。

この時期にＩＴ関連企業として起業し、今ではアメリカだけでなく、世界中にビジネスを展開し、世の中を引っ張るリーダー的な存在になっている企業も少なくありません。それらの中から、代表的な企業を紹介しておきましょう。

（1）アマゾン

１９９４年7月のＷＷＷ草創期に、ジェフ・ベゾス氏によってインターネット書店Cadabra.com（カダブラ）として創業。１９９５年7月16日からは、Amazon.comとして事業を進めています。当初は書籍の販売を専門とする「ネットの本屋」でしたが、その後２００７年には電子書籍リーダー「Kindle」を発表するなど、急速に事業を拡大。取り扱いアイテムも年々広がり、今では生鮮食品も含めありとあらゆるものが買える、小売業界の巨人になっています。

（2）テスラ

南アフリカ共和国生まれのイーロン・マスク氏が会長兼ＣＥＯを務める電気自動車会社。マスク氏は１９９５年に街の情報をオンラインでサービスするZip2という会社を立ち上げ、アメリカの有力新聞社にコンテンツを提供。この会社はコンパック社に買収され、それによりマスク氏は巨額の資金を手に入れました。

続いて、１９９９年にオンラインの金融サービスX.com社を立ち上げ、翌年コンフィニティ社と合併。これが２００１年にオンラインインターネット決済のPayPal社となります。PayPal社はネットオークション大手のebay社に売却され、これらを元手にマスク氏は２００２年にロケット・宇宙開発を行うスペースX社を起業。さらには電気自動車の開発販売を手掛けるテスラモーターズに出資し、２００８年からは会長兼ＣＥＯを務めています。

（3）Google

１９９６年にスタンフォード大学の博士課程に在籍していたラリー・ペイジ氏とセルゲイ・ブリン氏が、バックリンクを分析する新しい検索エンジンを開発したのが始まりでした。現在では、検索エンジンの他、オンライン広告、クラウドコンピューティング、ソフトウエア、ハードウエア関連の事業の他、自動運転車の開発も手掛けています。

（4）Apple

１９８０年代の前半、Apple Ⅱや Macintosh のヒットでパソコン市場のメジャープレーヤーだった Apple は、１９９５年に創業者の一人、スティーブ・ジョブスを追放して以来、長い混乱と低迷の時期を送ります。１９９７年、Apple に復帰したジョブズは、翌１９９８年斬新なデザインのパソコン iMac を発売、久しぶりに Apple に大きな売り上げをもたらし、その勢いで２００１年に大容量ハードディスクドライブ型携帯音楽プレイヤー iPod を発売、爆発的なヒットとなりました。２００７年には高機能携帯電話と iPod の機能、さらにはインターネット端末の機能を備えた iPhone を発売。スマートフォン市場を作り出しました。

後発メーカーの追い上げにはあってはいますが、Apple はスマートフォン市場の中心的存在として君臨し、時価総額は60兆円（２０１６年）となり世界一となっています。

（5）フェイスブック

2004年、ハーバード大学に在学中だったマーク・ザッカーバーグ氏が、校内の女子学生の顔の勝ち抜き戦ソフト「フェイスマッシュ」を開発。次いで、学生が交流を図るためのサービスとして開発したのが、ソーシャルネットワーキングサービス、フェイスブックの始まりです。

当初はハーバード大学の学生限定のサービスでしたが、ボストン地域の大学や、他のアイビーリーグの学生など、利用可能な範囲を徐々に広げ、2006年9月に一般開放されました（英語版）。すると、利用者は世界中に急速に広がり、2011年9月に8億人のユーザーを持つ世界最大のSNSになりました。

これら以外にも、1999年にマーク・ベニオフにより設立されたセールスフォース・ドットコム、1999年の創立したジャック・マー氏率いる電子商取引最大手のアリババ、2000年創業の中国検索エンジン最大手の百度（バイドゥ）、トランプ米大統領も愛用しているツイッター社（2006年創業）など、皆さんもお馴染みのネット関連企業がこの時期に誕生しています。

ソリューションのまとめ

Solution

インターネットの誕生

ＩＴベンチャー企業の勃興

そして今は「コンピューターのユーティリティー化」の時代

ここまで、駆け足ではありますが、コンピューターが実用化されてから、今日までどのように使われ、我々の生活の中にどう浸透してきたかを説明してきました。

総務省の発表によると、日本ではスマートフォンの普及率が71・8％に達しています（総務省「平成28年版 情報通信白書」インターネットの普及状況）。

つまり国民の大多数が、すでに高速のコンピューターを常に手にしているのです。

人工知能開発の大御所、ジョン・マッカーシー教授は1960年代初頭に、「コンピューターのユーティリティー化の時代」が来ることを予言していました。

「コンピューターのユーティリティー化」とは、電気やガスや水道と同じように、誰でも望んだ時に、コンピューティングパワーの恩恵を受けることができる状態を意味していました。

教授の予言が実現するまでには半世紀という時間が必要でしたが、今まさにその時代

スマートフォンの普及率の推移

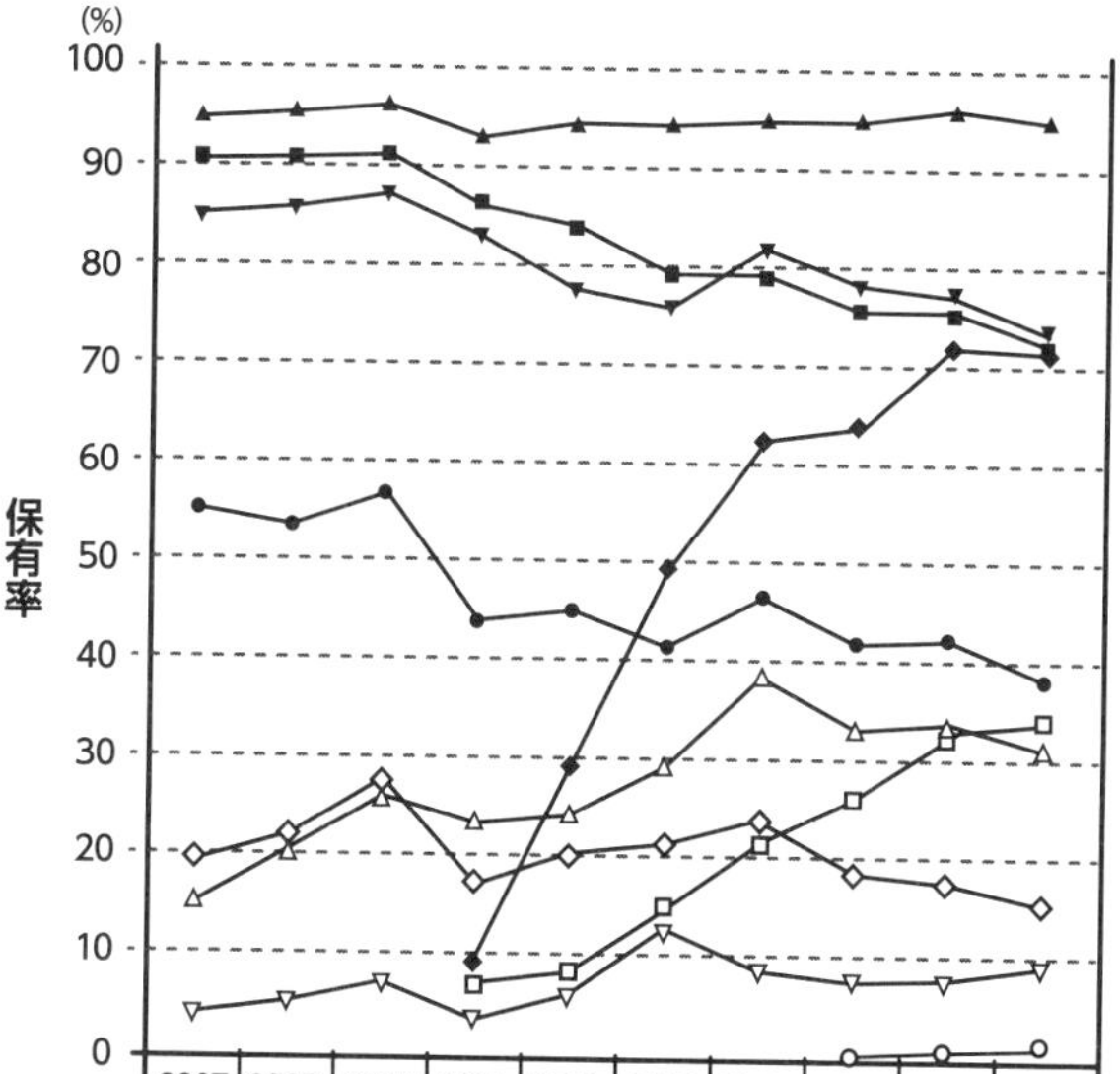

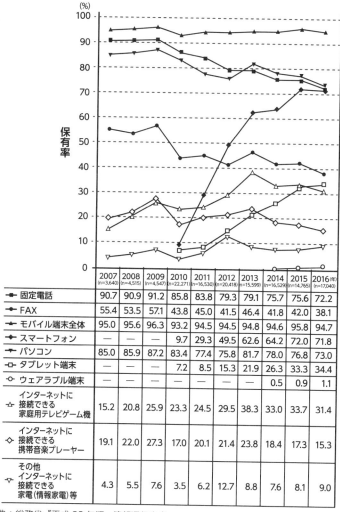

	2007 (n=3,640)	2008 (n=4,515)	2009 (n=4,547)	2010 (n=22,271)	2011 (n=16,530)	2012 (n=20,418)	2013 (n=15,599)	2014 (n=16,529)	2015 (n=14,765)	2016(年) (n=17,040)
■ 固定電話	90.7	90.9	91.2	85.8	83.8	79.3	79.1	75.7	75.6	72.2
● FAX	55.4	53.5	57.1	43.8	45.0	41.5	46.4	41.8	42.0	38.1
▲ モバイル端末全体	95.0	95.6	96.3	93.2	94.5	94.5	94.8	94.6	95.8	94.7
◆ スマートフォン	—	—	—	9.7	29.3	49.5	62.6	64.2	72.0	71.8
▼ パソコン	85.0	85.9	87.2	83.4	77.4	75.8	81.7	78.0	76.8	73.0
□ タブレット端末	—	—	—	7.2	8.5	15.3	21.9	26.3	33.3	34.4
○ ウェアラブル端末	—	—	—	—	—	—	—	0.5	0.9	1.1
△ インターネットに接続できる家庭用テレビゲーム機	15.2	20.8	25.9	23.3	24.5	29.5	38.3	33.0	33.7	31.4
◇ インターネットに接続できる携帯音楽プレーヤー	19.1	22.0	27.3	17.0	20.1	21.4	23.8	18.4	17.3	15.3
▽ その他インターネットに接続できる家電(情報家電)等	4.3	5.5	7.6	3.5	6.2	12.7	8.8	7.6	8.1	9.0

出典：総務省『平成 28 年版　情報通信白書』

を迎えたのです。

今後もコンピューターの進化は果てしなく進んでいくでしょう。それに伴い、ＳＮＳ、ビックデータ、Siri、IoT/M2M、自動運転、ブロックチェーン、ＤＮＡ治療、ロボットや宇宙旅行までの様々なイノベーションが、カンブリア爆発のように生まれ、社会は大きく変化していく時代に入りました。

そして、これからの変化の規模は、これまでの歴史上、人類が経験してきたいかなる変化よりも大きなものになると予想されます。

百数十年前に、蒸気機関や電気の発明（インベンション）により起きた産業革命の時も、当時の人々の生活には大きな変化がもたらされたことは、歴史の事実として間違いのないことです。

しかし、コンピューターのさらなる進化に伴い、これから起きようとしている変化は、産業革命当時のものとは、規模の面でも質的にも大きく異なってくるであろうことは想像できます。

Solution

ソリューションのまとめ

コンピューターのユーティリティー化

コンピューターは完全に

社会インフラの一つとして機能する

未来は「連携」の時代へと向かう

さて、現在までのコンピューター史の流れからみて、この先イノベーションを起こすために我々が取り組むべきソリューションは何でしょうか。

キーワードは「連携」だと私は考えています。

前述の通り、これからのイノベーションを実現するには、チップの進化の方向性と、ソリューションとの親和性を無視することはできません。

チップは、世の中のありとあらゆるものに搭載されるようになり、それぞれがメッシュのようにつながるようになるでしょう。このように体の中から、街のいたるところ、果ては人工衛星までがネットでつながり、必要な時に必要なものがつながって答えを出していく世界を私は「情報メッシュ社会」と呼んでいます。

「情報メッシュ社会」が実現すれば、例えばある人が突然体調をくずしても、心拍や血圧等、体調の異変を示す身体の情報から最適な病院が特定されると同時に、一番早く到着できる救急車を探知して、患者のもとに向かわせることも可能になります。そうすれば、もう病院をたらいまわしにされて、結局命を落としてしまったというような悲しいニュースを耳にすることはなくなります。

この「情報メッシュ社会」を実現するためには、それぞれの社会システムのノード間の連携が必要となり、様々な分野の人々の合意形成が前提となるため、業界を超えた「コンソーシアム」が必須であり、さらには、連携に最適な層別の共通プラットフォームの形成が望まれます。

最近「マルチサイド・プラットフォーム」という言葉が聞かれるようになりました。詳細には解説しませんが、簡単に言うと、二つ以上の異なるセグメントの顧客同士をつなげることで付加価値を生むプラットフォームを言います。

こう考えると、今後優位に立てる企業は、体内のナノマシンから人工衛星まで多数存在するプラットフォームの多くを主導し、連携し、社会の効率化、高付加価値化を実現するための広範なエコシステムを形成できる企業ではないか、と考えます。

したがって、これからイノベーションを起こすために最も重要な活動の一つが、地域活動を含めた市民にも受け入れられる広義の「コンソーシアム」の形成です。ここで言うコンソーシアムとは、前述のような連携で高付加価値を生み出すための合意形成機関のようなもの、と考えてもよいかもしれません。

もちろん、日本でもすでにいくつかのコンソーシアムが生まれています。こうした動きは、世界をリードしていくために非常に理にかなった行動だと私は思います。

（例）

2015年5月15日　ロボット革命イニシアティブ協議会
2015年6月18日　インダストリアル・バリューチェーン・イニシアチブ
2015年10月23日　IoT 推進コンソーシアム

コンソーシアムの必要性に気付き、動き始めている分野の一つの例として、おなじみの「ドローン」が挙げられます。

ドローンは、人間の遠隔操作やプログラムによって動作を制御する無人小型飛行機ですが、各国の航空法などによってもその定義はあいまいなので、ここでは、「有人ではな

連携が重要になる世界

情報メッシュ社会では、チップの進化とともに、産業、生活、医療、教育など、あらゆる分野での情報がネットワークでつながっていく。

よりスムーズな進化を遂げていくためには、汎用的な**プラットフォーム**の確立と、各分野同士のコンソーシアムによる**連携**が重要になってくる。

く無人で遠隔操作を基本とした航空機全般」とやわらかく定義して話を進めます。

ドローンを、単に狭い空間や危険な場所でも空撮ができるもの、ととらえるべきではありません。人類がいまだなしえていない空間利用技術の第一歩という認識を持つべきです。今は研究段階の空間結像や空間触覚がいずれテレプレゼンスを実現するように、近い将来ドローンの隊列走行による大量運搬や数十の大型ドローンによる遭難救助が実施され、さらには数千の超小型ドローンによる三次元映像がスポーツ観戦を盛り上げることでしょう。

このように、あらゆる場面でドローン技術を利用するためには、分野・業界の垣根を超えたコンセンサスが必要です。またそのようなイノベーションを阻害する法規制があるなら、行政とも意見交換が必要になるのかもしれません。

実際に産業用分野（B2B）にフォーカスしている日本のドローン業界では、今まさに多くのコンソーシアムが立ち上がり、各地域においても特色のある様々な取り組みが行われています。

様々なドローン関連コンソーシアム

ドローン社会共創コンソーシアム
ミニサーベイヤーコンソーシアムNEXT
一般社団法人日本UAS産業振興協議会　JUIDA
一般社団法人日本ドローン協会　JDA
一般社団法人全日本ドローン協会　AJDA
一般社団法人セキュアドローン協議会
ドローン検定協会
一般社団法人日本マルチコプター安全推進協会　JMSA
一般社団法人ドローン撮影クリエイターズ協会　DPCA
一般社団法人日本ドローンレース協会　JDRA

ところで、本書を執筆中に大変うれしいニュースが聞こえてきました。日本経済新聞の一面で取り上げられた「ドローン規格　日本から」で以下に引用します。

「経済産業省はドローン（小型無人機）の国際規格づくりに乗り出す。宇宙航空研究開発機構（ＪＡＸＡ）と協力して衝突防止技術や自動管制システムを開発し、２０２５年度をめどに国際標準化機構（ＩＳＯ）の承認を目指す。日本や欧米を中心にドローンの実用実験が進んでいるが、国際的な規格がないことが普及の妨げになっている。日本が主導することで国内企業の市場開拓を後押しする」

ドローンで圧倒的なシェアを誇る中国のＤＪＩ社のこれまでのターゲットは主にホビーのユーザーでした。つまり単独で飛行できればよいということで、単純に組み立て販売すればよかったのかもしれません。しかし、今後は前述の「連携」を実現するために、各国、各社でばらばらだった規格を統一する必要がありそうだ、というのが記事の主旨です。

これはある意味、日本の競争力を上げる原動力となる素晴らしい動きだと思います。こうした発想が出てきたきっかけも、それまでに前述のような官民挙げての様々なコンソーシアムがその原動力、後押し役になったのだと想像できます。

イノベーションの反面教師～淘汰されたもの

ここまでは、コンピューター発展の歴史から、ソリューションの方向性と、今後あるべき姿を整理してみました。

ビジネスの攻防の舞台には、勝者と敗者があります。なぜ一方がユーザーに受け入れられ、今後もさらなる発展が予想されるのに、もう一方は淘汰されてしまったのか、そもそもなぜダメだったのか？

これらをともに脳裏に焼き付けておくことは、これからイノベーションを予測するうえでの大きなヒントを与えてくれると考えています。

本章の最後を利用して、いくつか具体例を挙げて説明しておきたいと思います。

進化したパソコンは、あまたのOA機器を駆逐した

すでに説明しましたが、1970年代にマイクロプロセッサが開発されると、それを搭載したパーソナルコンピューターが市場に登場しました。

しかし、1984年にIBMが「PC/AT」を発売すると、パソコン市場は様相が一変します。IBM「PC/AT」とその互換機連合が、次々に世の中のパソコンを駆逐していったのです。

この動きは世界中を駆け巡り、「PC/AT」とその互換機連合に対抗する、あるいは機能的に類似するコンピューターシステムは、ことごとく駆逐されてしまいました。

言語の壁で守られ、独自のOA機器が市場を形成していた日本でも、1990年に日本IBMから「DOS/V機」が発売されたことにより、状況が一変してしまいました。

この流れに抗いきれず、存在意義をなくし市場から退場させられてしまった日本独自のOA機器をいくつか紹介しておきましょう。

①日本語ワードプロセッサー

１９７８年に東芝が開発した日本語ワープロは、発売当初６３０万円もしました。その後、電機メーカー、コンピューターメーカー、電卓メーカーを巻き込んだ熾烈な競争のもと、急速に発展を遂げ、日本語ワープロは10年間で値段は１００分の１に、性能は１００倍に上がったと言われていました。

しかし、１９９０年に日本ＩＢＭによって発売されたDOS/V機は、日本語表示用のハードウエアを搭載したそれまでのパソコンとは異なり、ソフトウエアだけで日本語表示が可能になったため、パソコンさえあれば日本語の文書をつくることができるようになったのです。

そのため、文書作成に機能を特化した日本語ワードプロセッサーは、無用の長物となってしまったのです。

実際、DOS/V機の発売の数年後、日本語ワードプロセッサーは市場から消えてなくなりました。

②オフィスコンピューター

オフィスコンピューターは、日本で独自の進化を遂げた比較的小型のコンピューターで、1970年代後半から、中小企業の財務会計や給与計算、販売管理といった、全社的な業務処理システムに多く導入され発展していきました（海外ではSBC "Small Business Computer" 等と呼ばれていました）。

しかし、これらオフィスコンピューターも、1990年代後半にその役目をほぼ終えました。DOS/V機上で動く、Windows対応のアプリケーションソフトが続々と発売され、それまでオフィスコンピューターが担ってきた業務システムを安価で代替できるようになったため、高価で幅をとるオフィスコンピューターの存在価値がなくなったからです。

③日の丸パーソナルコンピューター

1982年10月にNECから発売された「PC-9801」（ピーシーキュッパチ）は大ヒットし、全盛期には同社の事業の屋台骨にもなりました。

しかし、こちらも、DOS/V機の登場以降、徐々にシェアが低下。Windows 95と同時に発売されたPC-9821の廉価版のVALUESTARシリーズが販売された時点で、その使命を終えました。

このようにパソコン、特にDOS/V機の登場により、それまで日本の中で独自の発展を遂げてきたOA機器が、市場もろとも消滅してしまうという憂き目にあってきました。

しかし、これらOA機器を駆逐してきたパーソナルコンピューターも、現在はその出荷台数は頭打ちで、徐々に数字を減らし、今ではスマートフォンに抜かれてしまっています。

いまやパソコンにできることは、スマートフォンでなんでもできると言われていますが、近い将来それもコモディティ化し、さらに進化した形態になっているのかもしれません。

モバイルの世界での優勝劣敗①

次に、モバイルの世界の勝者と敗者を見ていきましょう。

先ほども説明したように、スマートフォンはいまや販売台数でパソコンを抜き、パソコンの市場を侵食し始めています。そのスマートフォンが初めてこの世の中に登場したのはわずか10年程前の2007年でした。

当時の私は約20年間にわたりイノベーション予測をしており、2004年にはインターネットに常時接続可能で通話もできる超小型のモバイルパソコンに対する潜在的ニーズはかなり高いはずだという確信を持つようになりました。

しかし2005年になってもそのような機器が登場しなかったため、私は自分で作って起業しようという話を同僚などに持ち掛けていたほどです。

結局日々の業務に追われ会社を辞めることもなく、自分で作ることもしませんでしたが、2007年1月についにその日がやってきました。Apple のスティーブ・ジョブス氏がiPhoneを発表したのです。

私の最初の感想は「やっと出たか！」。もちろん、日本の発売初日には、会社を休んで店に並んだのを覚えています。

ジョブス氏が発表した初代iPhoneは私の想像をはるかに超えたでき栄えで、特にそのデザインやコンテンツの作りこみには感心させられました。あれを見た時には正直、「会社を辞めなくてよかった！」と思ったのを今でも鮮明に思い出します。

さて、iPhoneの登場の前に、私が今のスマートフォンのようなモバイル機器が、いずれ登場すると予想した根拠は、以下のようなものでした。

①パソコンは一般家庭に普及し誰でもインターネットやEメールが利用できるようになっていた（ニーズの連鎖が次のステップへ）。

②ノートパソコンが次第に小型化していく中で、郊外でもインターネットやEメールを見たいニーズは高まりつつあった（潜在ニーズの存在）。

③携帯電話の回路は通話用チップを搭載したパソコンとほぼ同等だったので技術的な障

スマートフォン出荷台数の推移

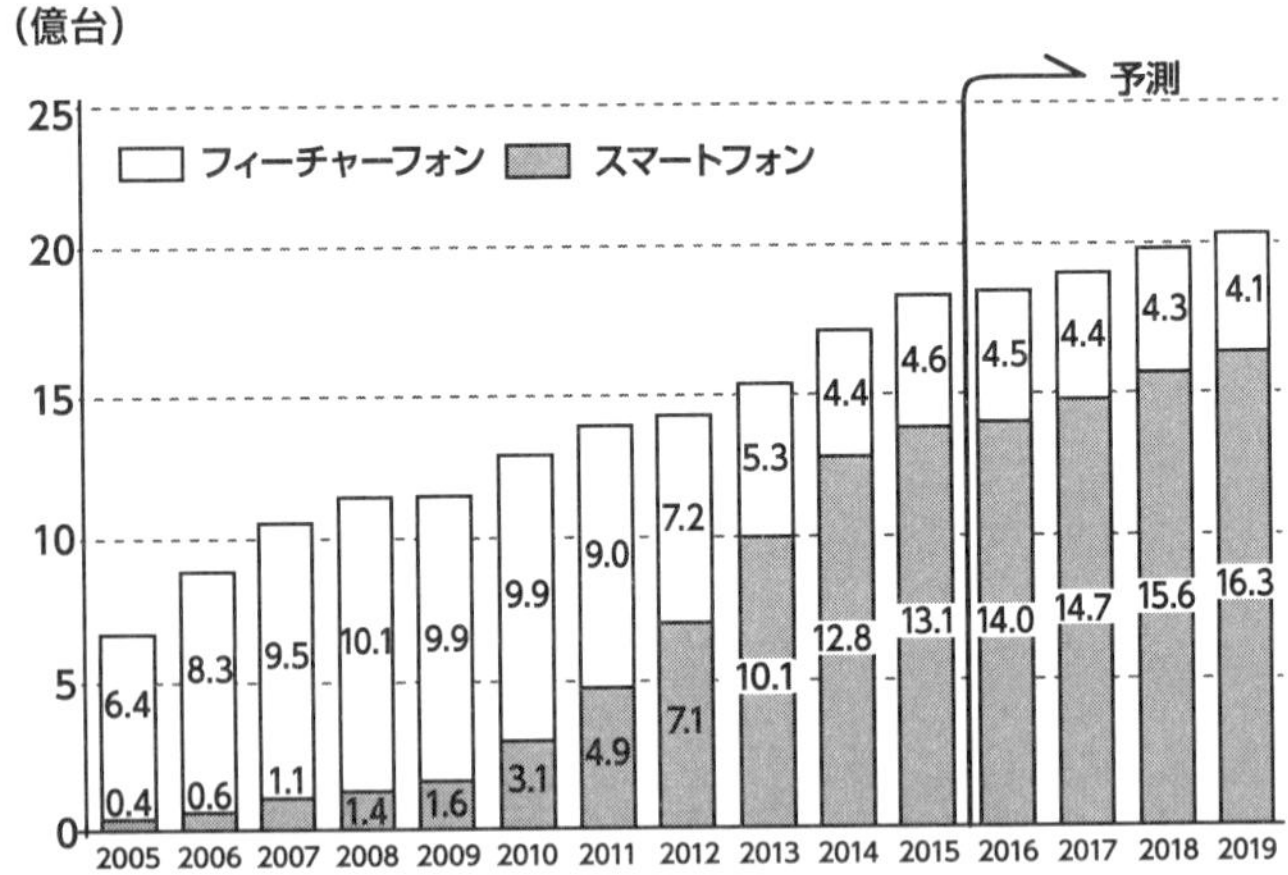

出典：『IHS Technology』

害はないはずだ（技術可能性の確認）。

②に関しては公衆回線接続用のICカードを装着する手段もありましたが、手続きが面倒、低速、料金が割高だったため、パソコンによるインターネット利用は室内のみというこことが刷り込まれていた、つまりここでは人間の本来の欲望がまだ抑えられていたので、このニーズを満たす機器はいずれ必ず登場すると確信しました（後述する「利己的なチップの第三法則」）。

そしてその機器には携帯電話との二台持ちを避けるため、通話機能、かつ当時普及し始めたiPodの音楽プレーヤー機能等が必須だと考えました。まさにそれがiPhoneだったのです。

モバイルの世界での優勝劣敗②
敗者　淘汰された残骸「ｉモード」

「スマートフォンの登場以前にも、インターネットにつながる携帯電話があったじゃないか？」

こんな疑念を抱いた方もいるかもしれません。そう、ＮＴＴドコモのｉモードです。このサービスが開始されたのは、１９９９年で、サービス開始当初から、メディアを中心に大いに脚光を浴び、多くのコメンテーターから賞賛の声が飛び交いました。

一時期は通信障害が起きるほど爆発的な勢いで普及していったのを覚えている方も少なくないと思います。

発売当初、私はｉモードを店頭で触ってみたところ、このサービスは騒いでいるほどに成功しないと確信し、以後、ｉモード機能はほとんど利用しませんでした。会社から支給された携帯電話のメールを読まずに上司から叱られたくらいです。

一般的にｉモードは「携帯電話を利用したインターネットビジネスモデル」という説明がされることが多いようですが、私は当初からこの説明に違和感を感じていました。

その理由は、ＮＴＴドコモのいう「インターネット」が、パソコンのそれとは似て非なるもので、実態はＮＴＴドコモ社御用達の箱庭の中で作られたものだったからです。

「これでは、いずれ限界が来てマイナーなものになっていくはず」

ならば、パソコンと異なる文化を持つｉモードの操作を覚えるのは、時間の無駄だと考えたのです。

実際、パソコンと同様に何の制約もなくインターネットが利用できるiPhoneが発売され、同様の機能を持つスマートフォンが続々と登場すると、ｉモードはずるずると契約者数を減らし、２０１６年11月、ＮＴＴドコモはついにｉモード携帯の出荷を終了することになりました。

iモードが駆逐された二つの理由

iモードがスマートフォンに駆逐されてしまったのには、二つの大きな要因があったと考えています。

まずは、「土管屋」としての通信業者が、機器やコンテンツを同一の企業の中で中央集権的に掌握する形になったこと。この場合、自由闊達なコンテンツ作りのための競争原理が働きにくくなり、魅力的なコンテンツを作り続けるのが難しくなります。

NTTドコモは自分達もエコシステム（技術開発を核に、周辺の事業群と連携しながらサービスの革新を生んでいくこと。ビジネス生態系）を形成したと主張していたようですが、実態はNTTという狭い箱庭での統制だったため、本来の意味のエコシステムの機能を果たしていたとはいえませんでした（利己的なチップの第二法則、後述）。

一方のAppleは、アプリ開発をオープンにしたため、多くの企業が吸い寄せられるようにエコシステムを形成し、様々なユーザーの多彩なニーズに応えることができました。

もう一つの要因は、インターネット、つまりブラウザやメール機能を携帯電話に持たせるならば、パソコンと同様の機能を同様の感覚で使用できない限り生き残ることはできないという点です（利己的なチップの第一法則）。

これは、まさにコンピューターの歴史から検証することができる「鉄則」の一つだといえるでしょう。

NTTドコモは2002年ごろからiモードの海外展開を始めましたが、これもことごとく失敗に終わりました。一説には、NTTドコモは海外投資で1兆5000億円にも上る損失を計上したともいわれています。

当時の海外における携帯電話の使い方は通話とSMSの送受信が中心で、メールやネットはパソコンで行うのが一般的です。そのため、パソコンのコンテンツを見ることのできないiモードは受け入れられなかったのです。

今後の社会変化を占う、利己的なチップの法則

以上、本章では、コンピューター（チップ）の進化の歴史とそのソリューションの方向性、さらにはＩＴ分野における優勝劣敗の事実を見てきました。これらをチップの側から俯瞰してみると、自らの進化（高速、小型、省電力等）のために取捨選択してきたようにも見えます。この現象から、「利己的なチップ」としての３つの法則と、またその進化を歓迎した人間の「五つの欲望」を導き出しました。

第一法則：より広大なプラットフォームを好む。

１　ＩＢＭが仕様公開したPC/AT互換機（DOS/V）が主流となり、国産パソコンPC98や日本語ワープロ、オフコン等を駆逐。

２　20年以上にわたりWindowsとインテルの連合（Wintel）がパソコンの主流。

３　パソコンとは似て非なるインターネット環境を提供したｉモード携帯のガラパゴス

化。

第二法則：機会均等なエコシステムを好む。

1 閉鎖型エコシステムのｉモードの失敗とAPP StoreやGoogle Playの成功。
2 データ屋と処理屋の分離（データアナリティクスやディープラーニング等）。
3 YouTubeやInstagram等のサイトを利用するコンテンツ発信者の台頭。

第三法則：人間の欲望を好む。

1 大型コンピューターからダウンサイジング、使い安さ、高速化、小型化が進展。
2 善にも悪にも追随（ホワイトハッカーとブラックハッカーのイタチごっこ等）。
3 脳や身体の解明（長寿化）、宇宙、深海、量子の制御（テレポーテーション）、BMI（"Brain Machine Interface"テレパシー）等未知の分野に進展。

人間の普遍的な「五つの欲望」

1　自分らしさの実現への欲望

これまでアルビン・トフラー氏の『第三の波』で紹介された「プロシューマー」（生産消費者）や Industrie 4.0が目指す「マス・カスタマイゼーション」という考え方が紹介されてきました。これからは生産の自動化、ロボット化の推進により、衣食住を中心にモノの生産コスト（限界費用）が大幅に低下していく中で、企業は付加価値を維持するため個々人のニーズを重視するようになるでしょう。

もともと人間は自分らしさを演出したいという欲望があります。その結果、産業用ロボットが衣食住をはじめ医療、移動、配送等すべての身の回りの物が個々人の望む形で提供されていくでしょう。前述の「インディビジュアルインダストリー」が加速するのです。

「三つの法則」と「五つの欲望」

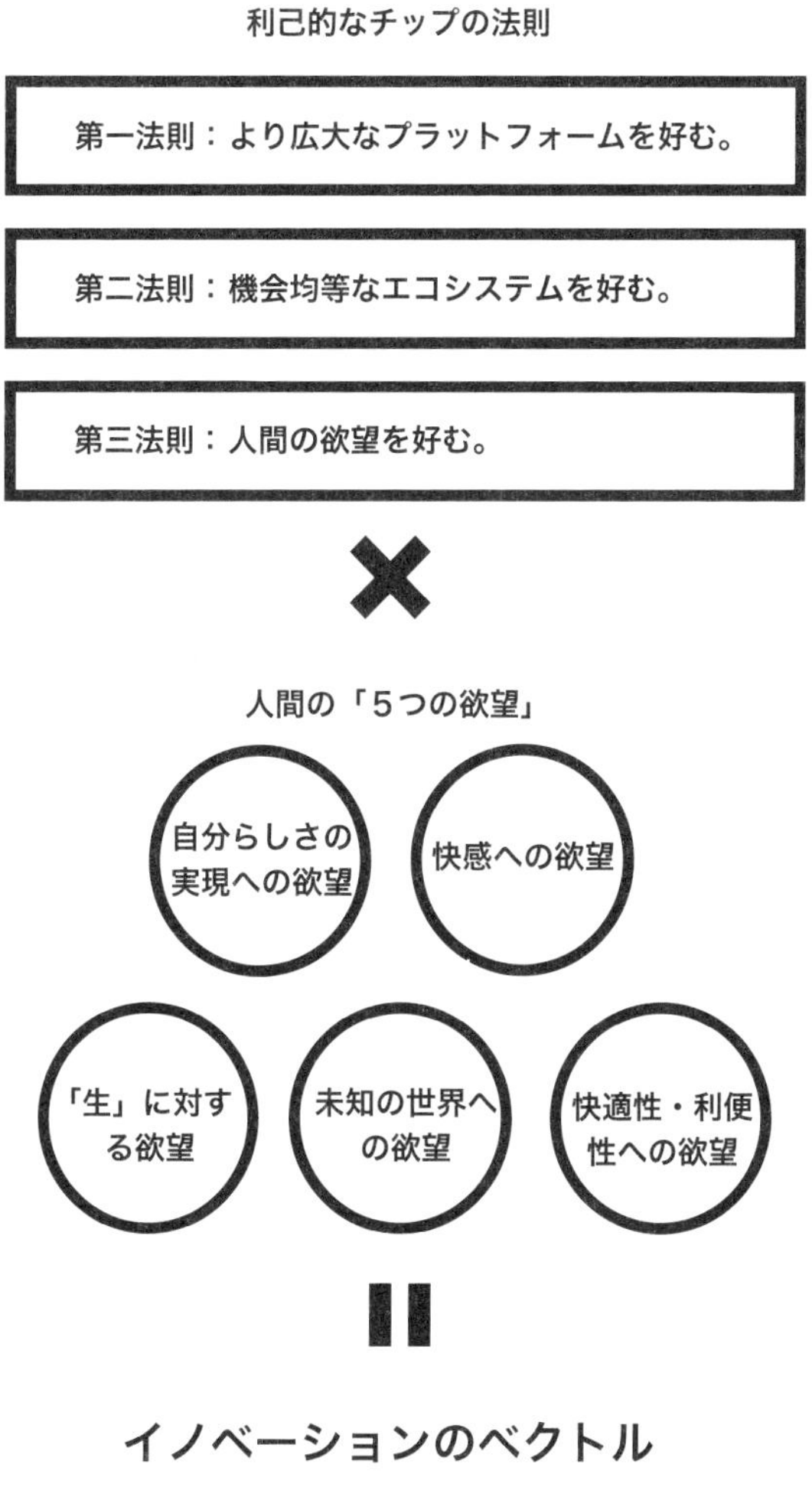
利己的なチップの法則
第一法則：より広大なプラットフォームを好む。
第二法則：機会均等なエコシステムを好む。
第三法則：人間の欲望を好む。
人間の「５つの欲望」
自分らしさの実現への欲望
快感への欲望
「生」に対する欲望
未知の世界への欲望
快適性・利便性への欲望
イノベーションのベクトル

2　快適性・利便性への欲望（一体化に向けた社会システムの最適化）

昔はよそ行きの支度をして銀座のデパートに行くのが家族の楽しみの一つでしたが、いまは少なくとも日常必要なものはスーパーやコンビニあるいは宅配で済んでしまいます。それだけでなく、もはやネットサービスで多くのショッピングは事足りてしまう社会となっています。利便性を追求するならば、社会システムが一体化に向けたものに収斂されていかなければなりません。iPhoneの普及、一方でのｉモードの凋落を見ればよくわかるでしょう。

3　快感への欲望（エキサイティング、エンターテインメント、コミュニケーション）

スポーツ観戦や恋をしたりすると、手に汗が出てきたり、ドキドキして血圧が上がったり、という経験は誰にでもあるでしょう。この理由をある専門家に聞いたところ、恋というのは種の保存にかかわる重要な出来事であり、またスポーツ観戦を狩猟ととらえるとこれも生命を維持するのに重要なイベントなので、人間はアドレナリンやドーパミンを出して危険を冒してでもスリリングな行動をすることになったそうです。

今後、さらにそこにチップ力が働き拡張現実・仮想現実が普及すると、プロゲーマーがますます活躍するようなｅスポーツ産業なども発展していくことでしょう。

4　「生」に対する欲望

死への無常観や恐怖心の裏返しとしての「生」に対する執着心は人間の持つ大きな欲望の一つです。今、チップ力は個々人のＤＮＡにマッチした治療や血管内の微小チップを流そうとまでしています。Googleは１２０歳というヘイフリック限界を超え５００歳を目標とした研究に投資、やがて死なない人間の誕生を予想する研究者も出てきました。いずれにしても大昔30歳程度だった寿命は、特に先進国において3倍以上になろうとしているのは人々の欲望の表れではないでしょうか。

5　未知の世界への欲望

人間の大きな欲望の一つに知ることへの欲望があります。そのため、未知の世界に興味をそそられます。快適な日常生活をより低コストで送れるようになると、未開拓の分野への欲望に対してより多くの時間を使えるようになるでしょう。具体的には宇宙、深海、脳をはじめとした人体の解明などです。このような蓄積データが全くない分野は、人工的な知能より探求心のある人間のほうが優れており、しかも労働集約的な作業が多いため、雇用吸収力の高いビジネスが広がっていくでしょう。

これから自社で新たなイノベーションの種を育てようとする際、この利己的なチップの法則と「五つの欲望」の掛け合わせで検討してみてはいかがでしょうか？　また、自社の強みや既存の資産をイノベーションにつなげるなら、これらの項目に当てはめてみて、違和感はないか、客観的に評価してみてはいかがでしょうか？

利己的なチップの法則を実現したSORACOM

スタートアップとして起業し、わずか3年でKDDI株式会社に200億円で買収され子会社になった株式会社SORACOMをご存知の読者も多いのではないでしょうか？ 社長の玉川憲氏に「いいイグジットしましたね」と声を掛けたところ、彼から「いや、これは僕にとってエントランスなんです」という答えが返って来ました。何というたくましい人なんだろうと驚かされました。かといって、決してギラギラした熱血社長ではなく、むしろ物静かで淡々と社長業をこなしているように見えます。

そもそもアマゾン ウェブ サービス ジャパンの技術本部長だった玉川氏が起業するきっかけになったイノベーションがSORACOM Airというサービスです。

起業当時、比較的小型軽量で低価格なIoT デバイスは、2020年には300億台になるとも500億台になるとも言われていました。そこで玉川氏は実際にIoT デバイスに対するニーズがあるかどうかをサーベイしました。当時、世間では、スマートウオッチやスマートグラスが紹介され、さらにチップを搭載したリストバンド、指輪、眼鏡、コンタクトレンズなども話題になりました。またペット用の小型監視カメラやスマートロック（Akerun等）、落し物追跡タグ（MAMORIO等）、無人レジ用の商品タグ等、IoTデバイスのニーズは確実に高まると読んだのです。そして利己的なチップの第三法則「人間の欲望（長寿や快適性・利便性等に対する感覚）を好む」を実践することになるのです。

そのデバイスには、スマホのように高速大容量通信ではなく、数は膨大で低速・小容量・低価格、かつ高いセキュリティ能力のある、安全・安心で全世界をカバー可能なデータ通信が求められると読んだのです。ここで利己的なチップの第一法則「より低価格で幅広いプラットフォームを好む」が登場します。

その実現のためには超低価格な小型SIMカードが必ずや求められるようになってくる、と確信したのです。

従来、格安スマホ用のSIMカードのような独自のサービスを提供するためには、MVNO（仮想移動体通信事業者/L2卸契約）となるのが一般的でした。これは、NTT等の大手通信キャリアが構築した1兆円規模の基地局は間借りし、20〜30億円の投資をしてデータセンターを構築して独自SIMサービスを提供するというものでした。

玉川氏は、その方式ではスマホより低価格なIoTデバイスのための超低価格なSIMカードを提供することはできないと考えました。そうしてひねり出した答えが「独自のデータセンターの代わりにクラウドサービスを利用する」というアイデアです。

そう、ここで登場するのがチップ特性の第二法則「エコシステムを好む」です。

玉川氏は通信キャリアから専用線を借り、データセンターを構築せず、アマゾンが提供するクラウドサービス（AWS）を利用するという徹底したエコシステムによるシェアリングサービスを利用することにより、SIMカード1枚を一日10円という価格で提供できるようにしたのです。

これはまさに利己的なチップの法則をフルに活用した画期的なイノベーションだと言えるでしょう。

ここで経営者の皆さんには玉川氏のこの間の思考過程をよく味わってほしいと思います。

後から聞くと「全部借りものにしたから、安くできたんだよね」ということになるでしょう。しかしそれはコロンブスの卵で、少なくとも当時は、「IoTデバイスの需要拡大を読み、低価格で全世界をカバーする安心安全な通信路を、シェアリングというエコシステムを利用して実現する」というアイデアは誰も思いつかなかった、あるいは思いついても実行しなかったのです。まさに利己的なチップの法則を利用した事によりイノベーションを実現したというお手本のような会社です。

もちろんそこには、玉川氏の起業する勇気、やりぬく突破力があったのを忘れてはなりません。

第三章 今から起こす イノベーションのヒント

The New "Industrial Revolution" Begins to Happen

第4次産業革命とは何か?

情報メッシュ社会は、私たちの気がつかないところで静かに、しかし着々と進行し、社会に変化をもたらしていきます。

このような時代には、一つひとつの変化に左右されるのではなく、技術の発展の可能性と、そこから生み出される新しい価値を社会が許容し、新しいイノベーションを受け入れるか、その流れをつかむことが必要です。

これまで人類は、いくつかの産業革命を経て、技術革新と社会の変容を繰り返してきました。今まさに、チップの進化という武器を得て、大きなパラダイムの転換がなされようとしている時代にあるということは、イノベーションを起こすために踏まえておかなければなりません。

半世紀以上前に人工知能学者ジョン・マッカーシー教授が予言したユーティリティーコンピューティングという新しい時代に入りました。第4次産業革命、政府も2017

年からよくこの言葉を使うようになりましたが、残念ながら明確な定義を実は見たことがありません。一般的に産業革命というと、イギリスに起こった紡績機、力織機や蒸気機関を思い出す人が多いと思います。その後、第2次、第3次産業革命と続いていきますが、その定義については諸説混沌としているのも事実です。

例えばモノづくりスペシャリストのための情報ポータル MONOist では、

第1次産業革命　18世紀~19世紀に英国で巻き起こった「蒸気機関」による機械の導入とそれによる産業構造の変化。
第2次産業革命　19世紀後半から20世紀初頭の電力の活用。
第3次産業革命　20世紀後半のコンピューターの活用による産業の新たな変化。

としていますし、ウィキペディアの一部の記述を引用すると、

第1次産業革命　初期の軽工業中心のころ。
第2次産業革命　電気・石油による重化学工業への移行後。

第3次産業革命　原子力エネルギーを利用する現代を呼ぶ立場があるということが言われている。

としています。

一方、第4次産業革命に関してはさらに諸説あるようですが、それらをまとめると以下のようになると思います。

第1次：蒸気機関／イギリス　1760年～
第2次：内燃機関、電気モーター／アメリカ、ドイツ　1870年～
第3次：コンピューター、インターネット／アメリカ　1990年～
第4次：インダストリー4・0、IoT、インダストリアルインターネット等を称していることが多い

第4次産業革命に関しての定義を少しわかりづらくしているのが「インダストリー4・0」です。これはドイツ発の製造業を世界標準にするという「スマートファクトリー」

私が考える四つの産業革命

	第一次	第二次	第三次	第四次
イノベーション	農業 牧畜	蒸気機関 内燃機関 電気、モーター	コンピューター インターネット	人工知能 量子コンピューター （知能ロボット）
社会変革	定住革命 都市社会の誕生 文化の形成	工業革命 資本主義社会	情報メッシュ社会	最適化された一体社会
時期	紀元前 1万年前～	1760年～	1945年～	2012年～
解説	狩猟採集社会から「農業」という産業を導入することにより、人々は定住するようになり、都市や国家を形成していく。	紡績機、蒸気機関、内燃機関や電気などの発明により工業化が進み資本主義（資本と労働の分離）が発展していく。	宇宙から都市インフラ、体内に至るまで必要に応じて瞬時に連携が取れる通信網を形成。	人工知能が地球規模で効率的で最適な社会形成する。資本主義は継続するがインディビジュアルインダストリーが主流となる。

というコンセプトにより生産性向上、コスト低下を目指している状況をさしているようですが、私は似て非なるものと考えています。

日本でこの言葉が認識されたのは2014年頃、当時ドイツを視察してきた先生方は競って「これが第4次産業革命だ」と声を大きくして講演されていました。

しかしその実態はメルケル首相が抱えていた次の三つの課題を解決することでした。

1 ミッテルシュタント（中小製造業連合）を中心に高労働賃金体質が、工場の海外移転による製造業の空洞化を招く（これはドイツの高い生産性の裏返し）。
2 2022年までに原発全面廃止を決めた結果、エネルギーコストが上昇する。
3 日本の「カイゼン」や米国の「インターネット・モバイル機器」で先行された。

そこでSAP社の元CEOのカガーマン博士が手を差し伸べ、「工場を中心にサプライチェーンから生産ラインに至るまで、すべて通信で連携させて低コストで効率よくマスカスタマイゼーションを実現する」ことを目標としてインダストリー4・0を提案しました。

ＥＲＰ（統合基幹業務システム）パッケージの最大手であり、ドイツのソフト産業の屋台骨であるＳＡＰ社らしい提案ですね。

しかし産業革命という観点からすると、筆者としてはその後米国のＧＥを中心に提供されたインダストリアルインターネットの方がまだ筋が良いと考えています。

まあそれはさておき、本書は、あくまでイノベーションにフォーカスしているので、つまり新技術や新しいアイデア、技術の組み合わせ等が社会ニーズに選好された結果、市民生活や政治・経済などに大きなインパクトを与えた結果起きる社会革命として、産業革命のくくりをとらえなおしたいと思います。

イノベーションがどのような新しい社会を誕生させたのか、という視点で言えば、

第１次：定住革命（都市社会の誕生）、農業、酪農の導入。紀元前１万年、動物と同じ狩猟採集社会の中で第１次産業である「農業」という産業を導入することにより、人々は定住するようになり、都市や国家を形成していく。

第２次：工業革命（資本主義社会の誕生）、蒸気機関・内燃機関・電気モーター

１７６０年〜　紡績機、蒸気機関、内燃機関や電気などの発明により工業化が

進み資本主義（資本と労働の分離）が発展していく。

第3次：情報革命（情報メッシュ社会の誕生）、コンピューター・インターネット・IoT

１９９０年～継続中。

１９４０年代に発明したコンピューターがインターネット、通信衛星、ウエアラブル、インプラント、インボディ（ナノボット）等、宇宙から都市インフラ、体内に至るまで必要に応じて瞬時に連携が取れる通信網を形成することによりリアルタイム、シェアリング、オートマチックが進展する「情報メッシュ社会」が実現する。

今後さらにセンシング、シェアリング、トラッキング技術があらゆる場所に進展し、ノイマン型コンピューターの登場から１００年後にそれらが連携しあう「メッシュ社会」になっていく。

第4次：AI革命（一体社会の誕生）、汎用・個別AIの進化。始まったばかり。

となると考えています。

今は「情報メッシュ社会」の形成途中で、人工知能の実用化が始まった段階です。第

4次産業革命と呼ぶなら、そのきっかけは人工知能であり、それにより実現する社会は「一体社会」ではないでしょうか？　これらを踏まえてイノベーションの方向性を考えていくことが必要です。

以下、こうした時代において起こりうる変化や問題点を、いくつか考えていきたいと思います。

第4次産業革命はどんな社会を生み出すのか

最近特に話題となっている人工知能の発展は、今後のイノベーションの流れにどのような変化をもたらすのでしょうか?

ご存知のように人工知能第3次ブームの主役であるディィープラーニング(深層学習)では、畳み込みニューラルネットワークCNN(“Convolutional Neural Network”)という手法を用いており、一般的には大量のデータが必要だと言われています。

もちろん、チェスや囲碁等のゲームや単純作業ロボットの動作改良のように、限られたルールの下で実行結果が明確に判定できる場合には、試行錯誤が最適な学習手段となりますが、現実の世界はそのような単純なものばかりではありません。また深層学習は従来のようにロジックで正解を導くようなものではないため、そこで得た知見を人間が理解することは極めて難しいのです。

したがってディープラーニングを生かすためには、入力に対して正しい結果を付与した膨大な「教師データ」を用意する必要があります。例えばGoogleは、猫の画像を学習し認識できるようにするために、1000万以上の画像を使用したとされています。よくコンピューターの世界で「今後はロジックではなくデータが主役となる」と言われるゆえんです。

しかもそれらのデータを使用可能な状態にするのに、ほとんどの場合クレンジング作業（コンピューターが理解できるように成形したり、入力と正しい結果を紐づけたりする作業）に膨大な時間がかかります。

したがって、生データよりクレンジング後の教師データ、さらには深層学習した結果得られた「学習済みモデル」に大きな価値が生まれます。

そのようなデータや学習済みモデルを多く保持する企業がビジネス上優位となりますが、これらのものはコピーもしやすいので、特許や著作権のような知的財産権として保護される仕組みも出てくるでしょう。現時点では、どちらの法律もその権利をカバーするのは難しいからです。

いずれにしてもそれらが売買されていくなかで、環境問題など公共性の高いものや医療に関するものなどの分野ではオープンソース（オープンデータ）となり、予想以上に早く世界中に広まっていくのではないでしょうか。

最初の質問に戻りますが、特定領域で最適化された「学習済みモデル」が世の中に数多く存在するようになると、より広い領域での最適化が求められていきます。

その範囲は車や家電制御から社会全体に広がり、国や地球全体としての最適化を求められるため、結果として人工知能は多階層化、あるいは何らかの形でそれらを連携させる仕組みが出てくると予測します。

人工知能の進化

人工知能研究の歴史は意外にに古く、今までに3つのブームがありました。

1956年にダートマス会議でジョン・マッカーシー教授が初めて人工知能を命名したのをきっかけに第1次ブームが起こりました。その後、第2次ブームでは、人間の脳のニューロンを模したパーセプトロンやニューラルネットワーク、さらには専門家が複雑な問題を解く過程を模したエキスパートシステム等の研究が進展し、新たな可能性に期待が高まりました。

しかし、第2次ブームの際にも、理論を現実化するためにはチップ力（コンピューターの演算能力）がまだ不足していたため、大きな成果を上げることができませんでした。

今回の第3次ブームでは、畳み込みニューラルネットワークの研究がさらに進展し、CPUの性能向上に加えてディープラーニングに必要な浮動小数点演算を高速に処理する専用チップGPUやFPGA等の登場により一気に実用化されるようになりました。

また２０１５年にはAlphaGOにも使用されたGoogleのディープラーニング用フレームワーク「TensorFlow（テンサーフロー）」がオープンソース化されたため、誰でもパソコンサイズのマシンで人工知能を開発できるようになったことが実用化につながりました。Googleがディープラーニングのキーとなるソフトウエアを公開したのはGoogle PhotosやYouTube等豊富なコンテンツを握っているので、エコシステムを形成し（利己的なチップの第二法則：機会均等なエコシステムを好む）、人工知能の世界でもプラットフォーマーとして多くの技術者を巻き込むこと（利己的なチップの第一法則：より広いプラットフォームを好む）が狙いだったのではないでしょうか？

このブームは２０１１年にワトソン君がクイズ番組「ジェパディ！」に勝利し２０１２年にGoogleがディープラーニングを使って猫の画像認識に成功したあたりから注目されるようになりましたが、日本では少し遅れて２０１５年にGoogle傘下のDeepMind社のデミス・ハサビス氏らが開発した人工知能AlphaGOが、韓国棋士イ・セドル氏に勝利したあたりから多くのメディアが取り上げるようになりました。

その後もAlphaGoは進化し続け、２０１７年人類最強棋士と言われた中国の柯潔（カ・

ケツ）氏に三連勝しました。デビス・ハサビス氏の成果は多くの人工知能識者の予想を10年早めた快挙だと言われています。

筆者も少々囲碁を楽しむので興味半分で何局か観戦しましたが、序盤で打つのは不利とされていた盤面の隅（三々）に入ったり、堅い守り（コゲイマ）の近くに打ったり（肩付き）と、囲碁の先生から「筋が悪い」と怒られるような手をAlphaGOは平気で打ちます。

そして、大局観、対応の柔軟性、読みの正確さで人類最強棋士を力でねじ伏せる様子を目の当たりにしてまさに「人知を超えた」力を感じました。

そこで何が起きていたのか

柯潔氏に勝ったのはAlphaGo Masterという三番目のバージョンで、人間の棋譜を学習させたものでしたが、その後、DeepMind社は自己対戦だけで一から学習させたAlphaGO Zeroを開発しました。

最初はランダムに石を並べているだけでしたが、わずか3日後には初代AlphaGoを破り、40日後にはそれまで最強のバージョンだったMasterよりも強くなったそうです。その時までの対戦数は２９００万局、これは囲碁棋士が寝ずに対戦し続けたとしても1万年以上かかります。

人間の囲碁の世界では、一流の棋士が切磋琢磨する中で、時たま新手が生まれ、それを皆が研究するというようなことを繰り返してきましたが、AlphaGOはその過程で超高速に数えきれないほどの新手を編み出していったのだと思います。

柯潔氏はAlphaGoと対戦後に「人類が戦略を向上するために何千年も費やした後、コンピューターは人間が完全に間違っていたことを私達に教えてくれた」と語ったと言われてます。

つまり人類の歴史の中で数多の対戦をしてきたものの、人間はまだ囲碁の世界の一部しか知らないということです。

今後人工知能が社会システムに浸透していく中で人工知能が出す答えに対して人間は同じような感覚を持つことになるのかもしれません。例えばこんな光景が目に浮かびます。「そんなはずはない、そんなやり方でうまくいくはずがない」と言いながらいざやってみると確かにうまくいく、ロジックはわからないがその方が格段に効率が上がると。

人間には知恵と柔軟性があるので、きっと人工知能が出した答えをかみ砕き実際に試行錯誤しながらさらに賢くなっていくのではないでしょうか。

どのような社会が最適なのか、人間にとって何が快適なのかは、最終的には「人間の欲望」が決定するというのが利己的なチップの第三法則です。

人間の欲望には善も悪もあり、もしかしたら想定外のことも起こるでしょうが、これまで同様、人類はそれを乗り越えていくのではないでしょうか。

人工知能に乗り遅れた日本

２０１７年には日本でも盛り上がった人工知能ですが、残念ながら日本は他国に後れを取っています。

ここ数年の人工知能に関する論文数は米国、中国、インドが３強で、英国、ドイツ、フランスがそれに続き、日本は第七位です（日本経済新聞は学術出版大手のエルゼビアと共同調査による）。

また雑誌『WIRED』によると、ディープラーニングに関しては研究論文の発表数で２０１３年に中国が米国を抜いて世界一となり、その差は広がりつつあるとされているようです。

しかし、その技術を、今後社会システムの効率化のために根付かせる段階になると、日本という国には他にない五つのポテンシャルがあるのではないでしょうか。

国別の人工知能の論文数（1995～2014年）

順位	国名	件数	シェア(%)
1	米国	792	27.8%
2	英国	247	8.7%
3	スペイン	180	6.3%
4	フランス	169	5.9%
5	中国	166	5.8%
6	カナダ	162	5.7%
7	ドイツ	162	5.7%
8	イタリア	143	5.0%
9	オーストラリア	118	4.1%
10	日本	94	3.3%
	その他	616	21.6%
	合 計	2,849	100.0%

出典：NEDO,TSC Foresight
『人口知能分野の技術的戦略策定に向けて』（2015年11月）

1　エレクトロニクス関連のキーパーツの強味。

2　産業用ロボット等のハードウエアから得られるデータが大量に存在する。

3　社会インフラの成熟度が高いため人工知能の導入も比較的容易となる。

4　今後最もニーズが高まる分野に「健康寿命化」があり、それを実現するための技術にiPS細胞等の医学分野では世界最先端の技術がある。

5　社会に浸透させるために必須となるはずの様々な「連携」に関しては、日本人は共同活動・グループで仕事をするのが得意である。

等がその五つです。

ガートナー社が提唱したハイプサイクルやジェフリー・A・ムーア氏の「キャズム」を待つまでもなく、人間というのは新技術がどんなものがある程度わかってしまうといったん興味を失う傾向があります。そしてブームとしては下火になることが予想されますが（いわゆる「幻滅期」）、その実用化に至る技術はさらに勢いづいて進化するというのがハイテク業界の鉄板の法則です。今後の数多のイノベーションにより、人口知能は水面下で静かではありますが社会に大きな変動をもたらしていくことでしょう。

人類は人工知能に支配されるのか？

このまま人工知能が進化していくと、遠からぬ将来、コンピューターが人間の脳を上回る、いわゆるシンギュラリティ（技術的特異点）を迎え、人間がコンピューターに支配されると訴える学者もいます。警鐘を鳴らすという意味では、この危惧は大いに歓迎すべきだと思いますが、楽観主義の私は、実際そのような事態にはならないと考えています。

なぜならば、少なくともこれまでの人類の歴史がそうだったからです。人間は10万年前に「火」という魔物を使いこなせるようになって以降、火薬、蒸気機関、電気、通信、原子力等それまでの社会を変えるような、大きな技術革新やイノベーションを何度も経験してきていますが、そのたびごとに、その技術をそれなりに自己の幸福のために使い続けてきたからです。確かにそれらが人々の争いに使われるという、あってはならない痛ましいことが起きていることは事実ですが、それも人間の欲望の裏表です。

したがって、人類が今後も数々の間違いを犯しながらも、それを修正していく力が勝る限りにおいて、人工知能が殺人やサイバー攻撃に使われたとしても、総じて自らの幸福のために使いこなしていくのではないかと信じています。

シンギュラリティを迎え、人間が人工知能に支配されることを恐れている方々が主張する懸念の一つに、2004年に公開されたアメリカ映画「アイ・ロボット」のように、マザーコンピューター（汎用型人口知能）である「ヴィキ」が「ロボット三原則」（人間の安全性確保、命令への服従、自己防衛）を守るために、地球を破壊するような有害な人間を抹殺するというストーリーがあります。しかし、そもそも人間が地球を破壊する行為自体を事前に防止するのが人工知能なのではないでしょうか？

前述した学者の主張はそうならないように警鐘を鳴らしてくれており大いに耳を傾ける価値があるものだと思います。

人工知能により職業はなくなるのか？

これが日本のメディアなどで騒がれだしたのはオックスフォード大学の２０１３年9月17日付の論文ではないでしょうか。そこでは「７０２業種の中であと10年で『消える職業』は米国の総雇用者の約47％」と指摘しています。

この問題は、コロラド州の高校教育の現場では、２００６年から課題として注目されていました。この課題は２００７年頃に〝Did you know〟というタイトルでYouTubeにアップされ、今でもアップデートされています。ご存じない方は、数分の映像ですので一度ご覧になられることをお勧めします。

ここではその一部をご紹介します。

「1年間に作成されるデータ量は過去５０００年分よりも大きくなっており、さらに2年で2倍になっていく。これは大学生が1年生の時に勉強したことの半分が3年生の時までに陳腐化してしまうということだ」
「現在、花形のエンジニアである、クラウドサービスのフルスタックエンジニア、データサイエンティスト、スマフォアプリの開発者、ウェブマーケティングは10年前には存在していなかった」
「我々は生徒に対して今はまだ存在していない職業へと導かなければならない」

米国の先生方は、変化の速い時代に、生徒に対してどのような指導をすべきかを、今から10年以上も前に問題提起していたのです。18世紀の産業革命以降、消滅した職業、新たに生まれた職業は山ほどありますが、今回は少しそのスピードが速いために話題になったのでしょう。

我々の生活に必要なものを、知能ロボットや三次元プリンターが1日24時間休みなく製造してくれるなら、多くの職業がなくなり収入がなくなるので「ベーシックインカムに移行するだろう」という考え方もありますが、少なくとも私はそのようなことを想像することはできません。なぜなら、情報メッシュ社会から一体化社会に向かう中で、前述したように人間の普遍的な5つの欲望を満たすため多くの新たな職業が生まれてくると考えるからです。

もちろん貧富の格差が拡大し、資本主義が破綻するような事態になった場合には、その対策の一つとしてベーシックインカムがあることは理解できますが、人工知能ロボットが自動生産するからと言って、ベーシックインカムに移行することはないだろうと考えています。

人類は製造や販売という「労働」から解き放たれ、いよいよ次の高みに上っていくのではないかと、私は考えています。

前述した、人間の普遍的な「五つの欲望」を思い出してください。

1　自分らしさの実現への欲望
2　快適性・利便性への欲望（一体化に向けた社会システムの最適化）
3　快感への欲望（エキサイティング、エンターテイメント、コミュニケーション）
4　「生」に対する欲望
5　未知の世界への欲望

ここでもう一度簡単におさらいをしておきましょう。

・知能ロボットが個々人のニーズにマッチした衣食住を提供してくれるインディビジュアルインダストリーの時代になる。
・効率的な社会システムにより個々人のスケジュールに合わせてよりスムーズでストレスレスな日常が送れるようになる。
・エンターテイメントの世界はさらに進展する。プロのユーチューバー、賞金数億円のeスポーツ（エレクトロニック・スポーツ）で稼ぐプロゲーマーは海外でも急増している。日本ではＩＲ法案が取りざたされているが、カジノを含めてエキサイティングな経験ができる場に多くの職業が生まれる。
・健康長寿はだれしもの夢なので、遺伝子治療や血管を巡りながら治療するナノボット等の医療分野への期待は当然高まっていく。
・さらに宇宙探査や移住、深海の探査や海底資源利用、脳をはじめとした人体の解明等、未知への世界への探求心からも多くの職業を生み出す。

私は、イノベーションを起こしたい時は「人間の欲望に帰れ」と言っています。例えば前述2の「快適性・利便性への欲望」には多くのイノベーションの種が眠っているのではないでしょうか？

・待ち時間のない診察、自動会計、薬の自動配送をしてくれればいいのだが。
・昼時のコンビニや夕方のスーパーのレジの列は何とかならないか。
・もっと楽に通勤したいんだけど……。
・青色申告に時間がかかりすぎ。自動化できないのか？
・料理しなくても食べたいものが出てくるなんてサービスないかなあ？
・時間をかけずに旅行気分を味わいたい。
・地球の環境問題はいったいどうなるのかなあ？

余談ですが、人間には善悪、両方の欲望があります。
チップがこれだけ一般社会にも浸透しているだけに、多くの一般企業や個人が情報セキュリティの脅威にさらされています。これは「ブラックハッカー」という迷惑でアンダーグラウンドな職業の人々の仕業ですが、こうした職業の人の中にも、今ではミリオネアが多く存在し、余暇にはバカンスを楽しんでいると言われています。これとて、１００年前には存在しませんでした。

社会の効率化と物価の関係

前述のような社会の効率化が進展していくことが予想される中で、皆さんに問題提起したいことがあります。

私は、残念ながら日本の物価低迷に関して納得できる説明を聞いたことがありません。賃金を3％アップすれば物価が上昇し景気がよくなるとよく聞きますが、残業規制がいよいよ法制化されると、各企業は刑事罰を避けるため残業規制を強化するでしょう。それにより毎月の残業時間が減ると賃金の3％アップを相殺するどころか、逆にトータルの可処分所得は減ってしまうかもしれません。パート社員の中には扶養の壁がある人がいますから、時給アップを業務時間で相殺してしまうかもしれません。

2017年は物価が上昇したという報道もありますが、よく聞いてみるとCPIのコア指数でみているため、その主因はエネルギーコストの上昇（電気代、ガス台、ガソリン代など）だったりする。これは家計の可処分所得が減ることを意味します。

もちろん、日本の官僚やシンクタンクは当然その辺のことまで計算しつくしたうえでの政府の政策だと信じたい気持ちはあります。

ただ今後「情報メッシュ社会」が進展し、その先の「一体化社会」に向かう（これらを「新社会」と呼ぶ）ことを提案している私としては、従来型の資本主義社会を前提とした経済政策を一度見直してみても損はないのではないかと考えてます。

例えば、「金融緩和と物価上昇の相関性」並びに「物価上昇と景気上昇の相関性」は今でも十分に高いと言えるのでしょうか？

「新社会」では、例えば循環型経済（サーキュラーエコノミー）がさらに進展していくわけですが、アクセンチュアの試算によると、そのコスト削減効果は２０３０年までに約５００兆円に達するそうです。その多くの部分は社会コストを低下してくれるはずです。

先進国の傾向として、社会が成熟し大きなインフラ投資の必要性が低下した国では、「利己的なチップ」による物価押し下げ圧力の影響を受けやすくなっているのかもしれません。

ただそれがどの程度物価に影響しているのかは私もつかめていませんが、いつくかの事例をあげて問題提起はしておきたいと思います。

1　インターネットやスマホにより無料化が進展

・ブリタニカ百科事典が無料の Wikipedia に、また英和・和英辞典、家庭の医学、漢和辞典、国語辞典等あらゆる辞典がインターネットサイトで無料で使用することができる。
・葉書や封書が無料の電子メールやSNSに代替された。
・ニュースやゴシップは新聞や雑誌を買わなくても無料でインターネット配信される。
・写真やビデオはスマホで撮り放題（カメラやフィルム、現像代は不要）。
・高価な広告よりもPCやスマホから参照できる無料のSNSやホームページでアピールすることができる。

2　経済の効率化（ニューエコノミー）

・情報メッシュ社会では、循環型経済（3R/Reduce,Reuse,Recycle）に拍車がかかり、リアルタイム、シェアリング、オートマティックが加速する。大前研一氏はアイドルエコノミー（あいているモノや時間を貸与する）を指摘している。
・インターネットの仮想空間にはアマゾンや楽天市場等のバーチャル店舗をはじめオーク

ション、メルカリ（フリーマーケット）、物々交換、さらには企業のお見合いサイト（M&A）サイトまで登場している。

・インターネットバンキングによる時間の効率化、低コスト化。

3　社会の効率化

・身近なところでは自動チャージ付きプリペイドカードの普及、完全自動化植物工場、ネット購入&自動配達。

・クラウドソーシングの普及によりそれまで高額なサービスが専門家の空き時間を利用した高品質なサービスを受けられるようになった。

・ロボットが社会に浸透することによる省人化、自動化の進展。

新規技術からも生み出される職業

将来必然的に生み出される発明からも多くの新しい職業が生まれてくると私は確信しています。そのうちの必然ともいうべき2つの技術を紹介しましょう。

1　量子の制御

例えば半導体チップの絶対法則となっている「ムーアの法則（18カ月で集積度が2倍になる）」は近い将来必ず限界が来ます。理由は集積度を上げていっても、電流が流れる配線の幅を電子の大きさよりも小さくすることは不可能だからです。そこで原子や電子などのような量子が持つ性質を利用した技術が注目されています。

量子には「重ね合わせ」や「もつれ」と呼ばれる一般的には理解が難しい性質があります。それでも2011年にカナダのD-WAVE社が最初に量子コンピューターを開発したと言われています。量子の制御は大変デリケートで扱いが難しいため、多くの改良の余地は残っていますが、近い将来これをうまく制御できるようになると、多数桁の素因数分解や巡回最適化問題など、特定の問題に対してスパコンの数万倍の速度で解いてしまうことができるようになります。

2 空間利用技術（ドローン、空間結像、空間触覚）

これまで人類は地表では高度な文明を築いてきましたが、残念なことにいまだ鳥のように飛ぶことはできません。それでも上空数千メートルから数百キロメートルには旅客機や人工衛星が飛んでますが、地表面近くの空間の利用にはほとんど手が付けられてきませんでした。ラジコンヘリなど一部のマニアはその空間を楽しんできましたが、ビジネスとしてその先駆けとなったのはやはりドローン空撮ではないかと思います。

日本でメディアが本格的にこれを取り入れたのは２０１６年の熊本地震からですが、崩れかかっている熊本城をヘリコプターで空撮すると、その風圧により遠くから望遠を使うことになるために画像がぶれ、実況の声もエンジン音でかき消されてしまいます。その点、ドローン空撮は比較的近距離から撮影可能なため、静かで安定した高解像度の映像が配信されました。

現在、戦略特区の一つである千葉市では、すでにスーパーで購入した商品をマンションのベランダのドローンポートに配送する実験が行われています。今後は隊列走行による運搬や海難救助などにもに使われていくことでしょう。

また高精度の GPS 機能（準天頂衛星みちびき）、小型軽量で大容量のバッテリー技術、高速通信機能（5G以降）等が充実すると、数千台、数万台の超小型ドローンがサッカーのハーフタイム時に上空を賑わせてくれることでしょう。

私が以前から提案していることですが、空間利用技術で最も興味のあるものの一つが空間結像、空間触覚です。多数のプロジェクターを使って3次元映像を投影する大がかりな装置はすでに実用化されてますが、どんな場所でも空間上に結像させる技術が実用化されると、テレビやプロジェクター用スクリーンが不要となります。シンプルなものならば実験室レベルでは成功していますので今後の実用化に期待したいところです。

さらにこれを立体映像にして空間触覚を備えれば、テレプレゼンス、すなわち海外にいる人でも会議に参加し握手をしたりプレゼンテーションを行うことが可能となるでしょう。

脳と死と人工知能と

今後起こるであろうイノベーションや技術革新の中で、今から備えるべきことがもう一つあります。それは人間という存在の境界、そして生と死という問題だと、私は考えています。

チップの進化が人間の脳をいつ超えるか、という議論があります。

そのうちの一つが、人間の前頭葉には３００億個のシナプスがあり、これがオンオフをすることにより電気信号を伝えるという前提から推測して、２０１８年までにコンピューターチップは人間の脳を追い越すだろう、というものでした。

しかし最近の研究では、人間の脳は考えている時も無意識な時も、脳全体の１０００億のシナプスを使っており、しかも脳内での電気信号は単なるオンオフではなく、シナプス間では数十の化学物質が反応を起こしているということがわかりました。

つまり、人間の脳は、もしかしたら我々の想像をはるかに超えた能力を持っているかもしれないということです。

人工知能、特に今話題になっているディープラーニングは、人間の脳の中で代表的な機能であるニューロンやシナプスによる学習の過程をコンピューター上で実現したにすぎず、人間の脳全体の機能や心の解明はまだまだこれからといっていいでしょう。

例えば睡眠。ほとんどの動物はその進化の中で定期的に意識のない状態、すなわち生命にとってリスクの高い状態をなぜ敢えて獲得したのでしょうか。

これについては、睡眠に欠かせないメラトニンという物質の分泌が、生命維持に重要な役割をしているらしいことまではわかっているそうですが、逆に言うと、自身を危険にさらすことになる睡眠のメカニズムは「その程度」のことまでしか解明できていないというのが実情のようです。

ましてや「感情」のメカニズムの解明はこれからといっていいでしょう。

しかしそれらが解明されるとともに人工知能の技術革新も進んでいくことでしょう。やがて自分の脳から情報を取得したりコピーしたりするようになると、人工脳とロボットと一体化させることにより、やがてはアンドロイドを生み出すことが、技術的には可能になります。

そのようなアンドロイドは、最初は人間に代わり、看護や介護、または、家事や人間の話相手などを務め、人間には困難とされる、危険な場所での作業にも使われることになるでしょう。一方で、自分と同じ考えや感情を持ったアンドロイドが生みだされることになると、疑似的ではあるものの永久生命が誕生することになり、死という観念は希薄化されていくのかもしれません。

第四章

七つのテーマから情報へのグリッド力を磨く

Knowledge Management on 7 Themes

事実に対するグリップ力を高めるには

イノベーションを成功させるためには、時代の流れや人々のニーズがどちらに向かっていくのかを、正確に読み解くことが重要なのはこれまで述べてきた通りです。そこで問題となるのが、収集した情報を様々な角度から検証できるかどうかです。

現段階では、マスコミを通じ発せられる情報も、ネット上を駆け巡る話も、人間が発信者となって受け手に伝わります。

人間が発信する以上、流れてくる情報はすでに発信者によるバイアスがかかっているということを、常に意識しておくべきです。

時には意図的に情報が操作されることもありますし、発信者自体はバイアスを意識していない場合でも、少なからず偏りが出るものなので、手にした情報をそのまま鵜呑みにすることなく、自分自身で本質を探る姿勢を持つことが、正確な情報収集・把握に欠かせないのです。

そのためには、①過去の傾向をとらえる、②現在の事実を正確につかむ、③それを当てはめて将来を予測する、ことが必要ですが、その場合に重要となってくるのは、現在の事実に対するグリップ力を高めること、つまりいかに多面的にとらえ将来予測を正確に行うのかという点です。

そこで、本章ではイノベーションを起こすために経営者が知っておくべきと思われるテーマを七つ取り上げ、情報の読み解き方の道しるべを示したいと思います。

テーマ1　人口減少する日本の目指すべき国の在り方

前章でも紹介したように、日本では、2010年をピークに人口減少が始まっています。それに呼応するように、この数年、「少子高齢化」や「人口減少社会」という言葉を、嫌というほど、耳にするようになりました。

例えば国土交通省をはじめとする省庁は、「このままでは日本の将来人口は……」と切り出し、国民の不安心を煽り立てます。マスコミはさらに論調を強め、「総人口が8000万人を切ると、日本は衰退してゆく」と煽っています。

国の研究機関が発表している、将来の人口動態の予測は、相当な調査を重ねたうえでの数字だとは思うので、日本の人口が将来にわたって相当少なくなることには、私も異を唱えるつもりはありません。

ただ、悲観的にばかりとらえられている人口減少が、日本にとって本当に致命的なほどのことなのか？　私はこの点に注目すべきではないかと考えます。

いびつな人口推移の過去を持つ国、ニッポン

ある学者から日本の人口の推移について、こんな話を聞いたことがあります。

「日本の人口は奈良に都があった頃は600万人で、江戸幕府が成立した時には2倍の1200万人になり、その後江戸中期までの間は増加傾向をたどったけれど、江戸後期に人口3000万人を超えたあたりから、明治維新までの150年間はほとんど増加していない」と。

江戸期が終わり、明治維新とともに日本は「富国強兵」に舵を切り、人口が急激に増えました。太平洋戦争までの80年弱の間に、実に4000万人も人口が増加し、日本の総人口は7000万人を超えたのです。年間平均50万人が増えた計算になるので、宇都宮市とほぼ同じ数だけの人口が、毎年増えていったことになるので、そのスピードたるや、驚きです。

その後、太平洋戦争が起き、300万人ほどが戦死し、一時期人口は減りました。しかしその後、今度は「戦後復興だ」ということで、またしても人口増加が始まり、なん

とたったの65年間で５５００万人も増加したのです。５５００万人というのは、今の韓国の総人口に匹敵する人数です。

つまり、日本の総人口は、明治維新までの１５０年間は安定的に推移したあと、それ以後の１５０年間で4倍近くに跳ね上がったということになります。

この人口増の勢いは、どう考えても自然な現象とは思えません。

左の図表をご覧ください。グレーの太線は、我が国の長期的人口推移に、西暦８００年から明治維新までの人口増加の傾きを現在まで伸ばしたものです。

これを見ていただくとわかる通り、過去から明治維新までのトレンドで、仮に今日まで人口が推移していたとしたら、今の日本の人口は６０００万人程度となります。この６０００万人という人口の規模は、現在のフランス、イギリス、イタリア等の先進国とほぼ同等です。

先ほども述べた通り、わずか１５０年間で人口が4倍も増えるというのは、異常なこと、むしろ、６０００万人程度が本来あるべき日本の人口だと考える方が自然な気がします。

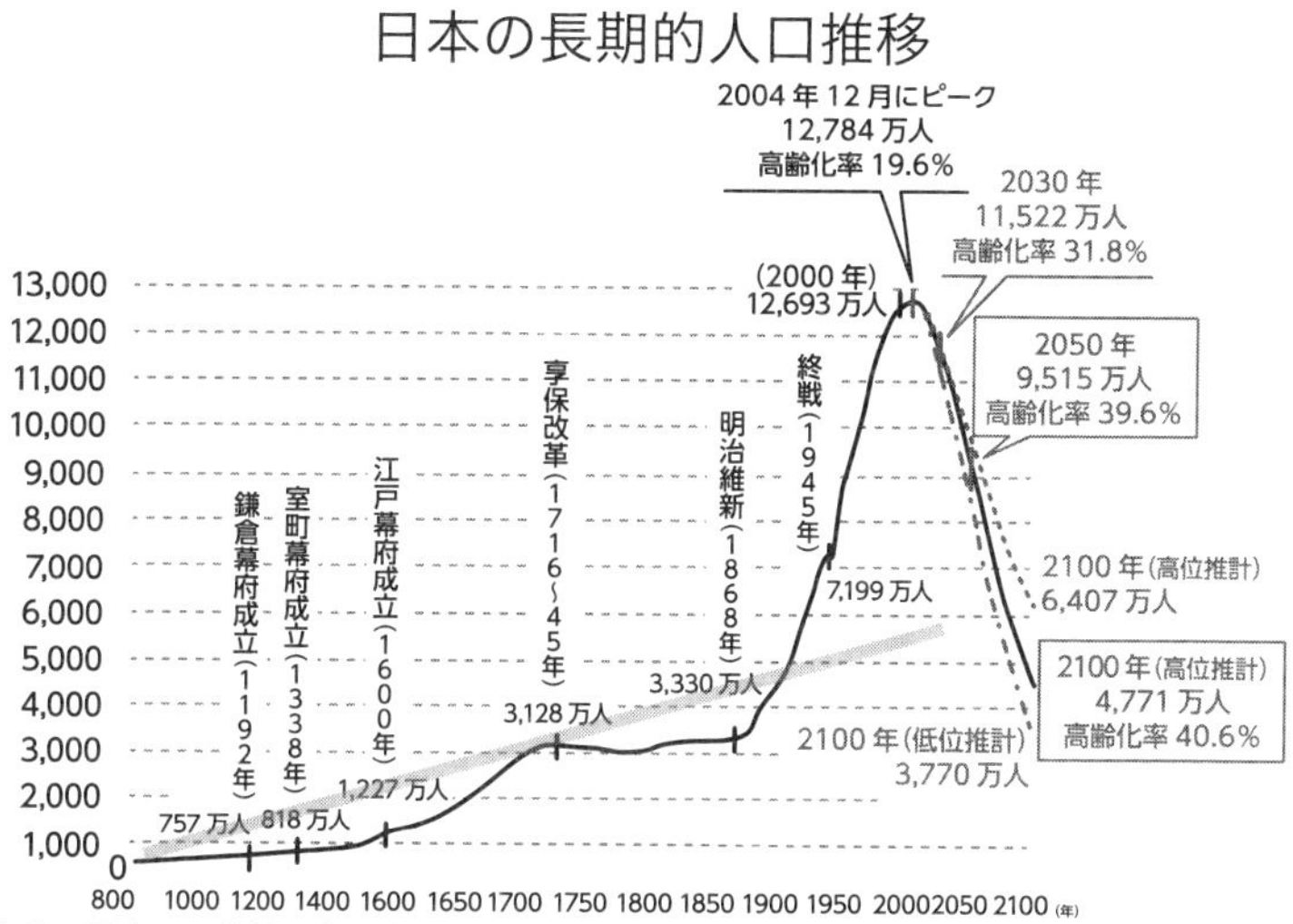

出典：国土の長期的展望」中間とりまとめ 概要（平成23年2月21日国土審議会政策部会長期展望委員会）をもとに作成

このように考えると、今の1億２８００万人という日本の人口は、明治維新の「富国強兵」から始まる１５０年の間の、国策により起こってしまった「人口爆発」の結果だと考える方が妥当なような気がしています。

仮に今の人口規模が、人為的に作られた「人口爆発」の結果だとしたら、今の「人口減少」は、30億年もの間、地球環境の変化に適応してきたDNAの、ある種の自然治癒力のようなヒーリング効果が働いているのではないか、という見方があってもおかしくはないと考えています。

私は情報メッシュ社会の実現や、人工知

能等の次世代技術の発達により、これまで信頼性が高いとされた自然死を前提とする人口動態予測では、これからの人口現象を正確にとらえることができなくなると予測しています。それゆえに、人口減に関しては、国土交通省が警鐘を鳴らすほどの悲観はしていません。

人口と国力の関係

では、人口減少しても日本は大丈夫なのでしょうか?

その議論の前に、人口と国力の関係を、先進国と言われているG7各国の総人口、国土、GDPの3大マクロ指標で比較してみたいと思います。これをみると、イギリス、フランス、イタリアの3か国の人口は、6000万人台の前半（世界21位~23位）にもかかわらず、それぞれのGDPは5位、6位、8位をキープしているのがわかります。

ご存じの通り、これら3か国は経済がひと時低迷したり、国内問題をいろいろと抱えていたりします。しかしこれらの国々を滅びゆく国としてとらえている人はほとんど存在しません。むしろ、これらの国々は、先進国の一つとして、世界をリードする役割を

３大マクロ指標での比較

先進国（G７）の人口、国土、GDP の比較

	人口（千人）	国土（km²）	GDP（10 億 US$）
アメリカ	310,384 （3 位）	9,525,067 （4 位）	17,947.00 （1 位）
日本	126,536 （10 位）	377,972 （62 位）	4,123.26 （3 位）
ドイツ	82,302 （15 位）	357,121 （63 位）	3,357.61 （4 位）
フランス	62,787 （21 位）	551,500 （55 位）	2,421.56 （6 位）
イギリス	62,036 （22 位）	242,495 （80 位）	2,849.35 （5 位）
イタリア	60,551 （23 位）	301,336 （80 位）	1,815.76 （8 位）
カナダ	34,017 （36 位）	9,984,670 （2 位）	1,552.39 （10 位）

出典：
・人口…国際連合経済社会局人口部『世界の人口推計 2011 年版』2010 年の推計
・国土面積…Wikipedia
・ＧＤＰ…SNA(国民経済計算マニュアル)に基づいたデータ
（IMF – World Economic Outlook Databases (2016 年 4 月版)

立派に果たしてくれています。

これらの国々は６０００万人程度の人口でも世界をリードする国として繁栄できることを教えてくれています。もちろん、日本には過疎化という問題に対処する必要はあるものの、「人口が減少していっても、日本は本当に大丈夫か？」という疑問、あるいは不安を多少は解消してくれるのではないでしょうか。

ただ、今の時代に、このようなマクロ指標だけで国の実力を評価するのは、十分とは言えません。例えば、ＧＤＰは一定期間に稼いだ国民の付加価値の総額であり、ざっくり言うと物やサービスの総額から原材料分を引いたものですが、それだけでは測れない様々な要素、例えば国民の「豊かさ」や「幸せ度」のような指標も含めて評価するべきでしょう。

残念ながらそのような指標は存在しませんので、ここでは以下の複数の指標の組み合わせで評価してみたいと思います。

・国民一人当たりの稼ぐ力：一人あたりのＧＤＰ
・労働拘束時間：年間総労働時間
・効率性＝労働生産性

・科学技術力：ノーベル賞の受賞者
・健康度：健康寿命
・スポーツ感度：オリンピックの獲得メダル数

これらが豊かさを反映する指標かどうか、または指標の選び方に偏りはないか等の議論はあるかもしれませんが、単純にＧＤＰで比較するより少しはましになってきたのではないでしょうか。

真の国力を再考する

先ほどの項目で、Ｇ７各国の実力を比較したのが、１５３ページの表です。

この表では、便宜上、人口の多い順に上から並べていますが、人口と各指標間に大きな相関はありません。

この表から、読み取れる日本の実力はと言えば……。

・時間当たりの労働生産性で最下位
・一人当たりのGDPは下から2番目
・健康寿命だけは第1位で、最下位のアメリカと比較すると5歳近くも長い

一方、人口が日本の半分程度のイギリスは、ノーベル賞受賞者数が日本の5倍。2015年にブラジルのリオデジャネイロで行われた、オリンピックのメダルランキングでは、中国を抜いて世界2位（メダル数では3位）と立派な成績となっています。

オリンピックのメダル数に関しては、5年前に自国で開催されたロンドンオリンピックに向けて、国を挙げてスポーツ大国を目指した成果が、リオデジャネイロでも実を結んだのではないでしょうか。

2020年に東京でのオリンピックを控えた日本では、新国立競技場の設計のやり直しや、ロゴのパクリ疑惑など、様々な醜聞が繰り返し報道される始末です。正直、こんな報道ばかりを聞かされると「オリンピックはスポーツの祭典だ。もっと、わくわくするような日本の、そして東京の明るい未来の話を、アスリートファーストで語ってもら

今どきの国力指標とは

人口順	一人当たりのGDP(US$)	労働生産性@時間(US$/h)	ノーベル賞受賞者数	健康寿命	リオオリンピックメダル総数
アメリカ	55,805 (6位)	67.00 (4位)	345人 (1位)	69.1歳 (36位)	121個 (1位)
日本	32,486 (26位)	41.28 (21位)	22人 (7位)	74.9歳 (1位)	41個 (6位)
ドイツ	40,997 (20位)	65.18 (8位)	84人 (3位)	71.3歳 (23位)	42個 (5位)
フランス	37,675 (22位)	65.58 (6位)	59人 (4位)	72.6歳 (8位)	42個 (5位)
イギリス	43,771 (14位)	51.89 (15位)	108人 (2位)	71.4歳 (21位)	67個 (3位)
イタリア	29,867 (27位)	51.68 (16位)	14人 (10位)	72.8歳 (5位)	28個 (9位)
カナダ	43,332 (17位)	50.90 (18位)	14人 (10位)	72.3歳 (10位)	22個 (10位)

出典：
・一人当たりのＧＤＰ…SNA(国民経済計算マニュアル)に基づいたデータ<出典> IMF - World Economic Outlook Databases (2016年4月版)(但し小数点以下四捨五入)
・労働生産性@時間…GLOBAL Note 2015年
(http://www.globalnote.jp/post-10473.html)
・ノーベル賞受賞者数…2016年4月12日ＤＩＭＥ
(http://dime.jp/genre/246525/1/)
・健康寿命…2016年5月19日、世界保健機関（WHO）が発表した世界保健統計
・リオオリンピックメダル総数…時事ドットコムニュース
(http://www.jiji.com/jc/rio2016?p=medal)

いたい」と、ついつい思ってしまいます。

話が少しそれましたが、ノーベル賞の受賞者数も確認しておきましょう。日本は全部で22人、世界で7番目です。

7位と聞くと、頑張っているようにも感じますが、実は日本の半分しか人口がいないイギリスが、日本の5倍の100人、ドイツが4倍の82人、フランスが3倍弱の58人なので、日本はマスコミが騒いでいるようなノーベル賞大国ではないのです。

世界の大学ランキングも見ておきましょう。大学のランキング調査で、最も権威があるとされるイギリスの The Times Higher Education（THE）が発表した「THE世界大学ランキング」2018年度版によると、日本の大学で上位200位以内に入ったのは、東京大学と京都大学の2校のみという非常にさみしい結果です。

さらにショッキングなのが、日本の公的な教育投資（GDPに占める教育機関の公的支出額）の少なさです。

2012年まで6年連続で、日本の公的教育投資は、OECD加盟国中の最下位でした。2013年にようやくハンガリー（3.1%）を抜き、ビリから2番目（3.2%）になりましたが、依然ＯＥＣＤ加盟国の平均値４・５％を大きく下回っています。

これらの数字から日本という国を客観的にとらえてみると、「労働生産性が低く給料も安い。そのうえ、スポーツも学術も先進国の中では劣等生だけど唯一のとりえは健康で長生きできること」となりますが、果たして皆さんの実感と比べるとどうでしょうか？

日本の評価はともかく、これらの指標をみる限りにおいて、少なくとも「人口が少ない国が、不幸な国というわけではない」ということを、ご理解いただけたのではないでしょうか。

テーマ2 地球の人口耐性問題

画像認識、将棋・囲碁の習得など、特定領域での学習から始まった人工知能は、次第に社会的な矛盾を解決するような、より広範囲な問題解決を可能としていくのは容易に推測ができます。人工知能は、一度獲得した知識や知恵は一瞬で他の人工知能にコピーすることができるので、人間以上に地球に起きている諸問題に対して、格段に速く、しかも客観的な判断を下せるようになるかもしれません。

前述したように人間の10万年の歴史の中でこの200年ほどで急激な人口爆発が起きています。その結果、地球という惑星がどの程度の人類を許容できるのかという問題を真剣に考える時が近づいているのではないでしょうか。私はこれを「地球の人口耐性問題」と呼んでいます。ここではこの問題を少しだけひも解いていきましょう。

人口爆発と地球の限界

１５８ページの図表を見てください。

これは、世界の人口の推移をグラフにしたものですが、大変異様な形になっているのが見て取れると思います。

何万年という時間をかけて、ゆるやかに増加してきた地球の人口は、10億人を突破したあたりから急激に増加しています。

人口が急激に増加したのは、ちょうど、産業革命が起こって以降の時期に重なり、以来現在に至るまでのたった約２００年間に、かなり異常な人口爆発が起きているのです。

私が子供の頃は「世界の人口は約35億人」と習ったように記憶していますが、今の人口は73億人と、たった半世紀ほどで2倍以上に膨れ上がっています。

現代人の一世代で人口が倍以上になるとすると、単純計算すると10世代後（約５００年後）には今の人口の１０００倍の7兆人になる計算です。もしこれが、人間でなく他の生物で起きていたら、生物学的に間違いなく異常繁殖と認識されるに違いありません。

世界人口と穀物生産量の推移

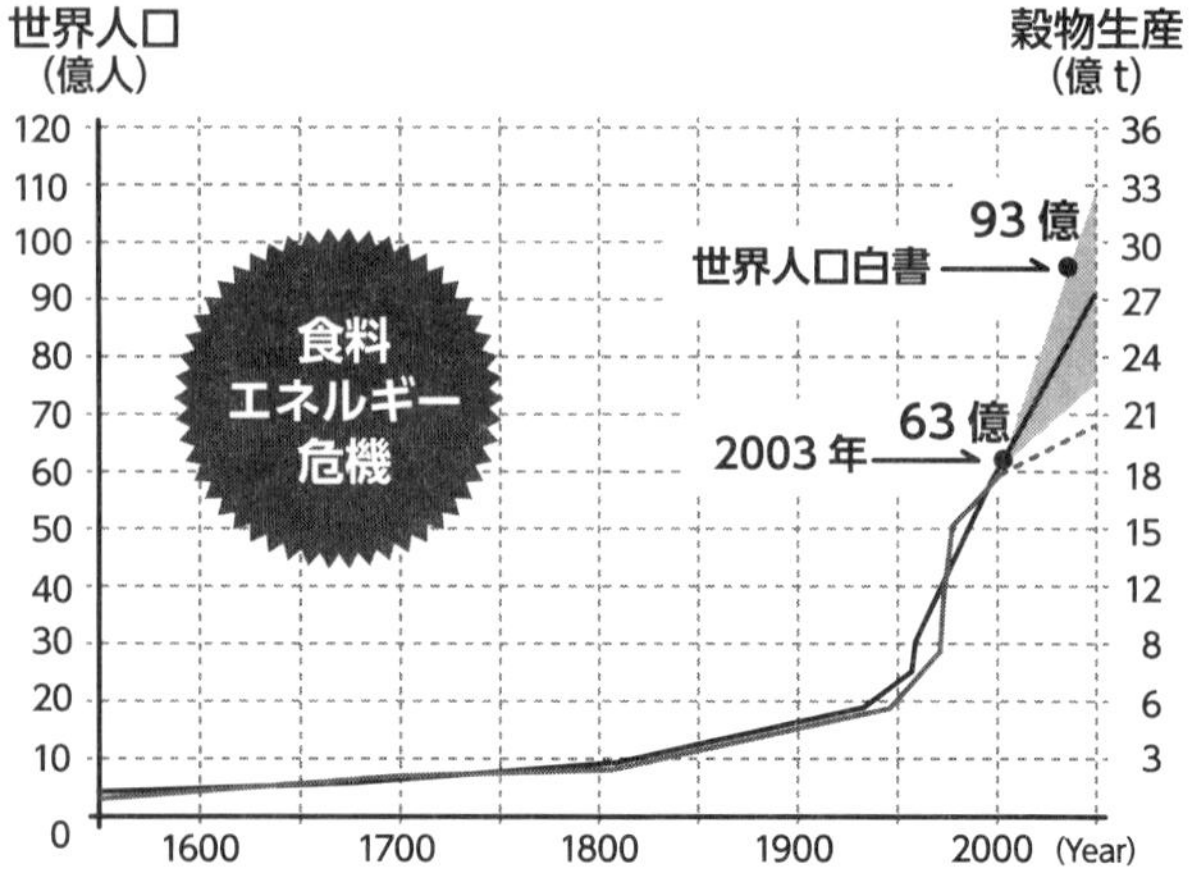

（FAO 統計資料 1996 年／国連「世界人口白書」2003 年より作成）

人口の増加がこれからも続くことを、世界中の研究機関が発表しています。国連が２０１５年に発表した世界人口予測によると、２０５０年までに97億人、２１００年には１１２億人に達すると予想されています。

このように急激に人口が増加すると、誰もが不安になるのが食料やエネルギーが足りるのかという問題ですが、この件に関しては、日本の理化学研究所がすでに危機を訴えています（図表参照）。

我々はもっと、地球という惑星のポテンシャル（エネルギー、食料、汚染物など）から、一体どの程度の人口を許容できるのかという問題をしっかりと考え、実際遠くない将来、危機に直面することを理解すべきです。

私は、近い将来世界規模で人口抑制を検討すべき時期が来るのではないかとも考えています。現状の人口増加は、主に後進国や発展途上国で顕著です。これらの国が、先進国並みに豊かになると、出生率も低下することが予想され、人口増加のスピードは鈍くなるでしょうが、逆に世界中で長寿化が進んでいくことになります。

人間の寿命

そもそも人は何歳まで生きられるのか、ご存じでしょうか?

現時点の通説では120歳前後で、その根拠は「ヘイフリック限界説」からきています。

ヘイフリック限界説ではこう言われています。

・人の細胞は分裂しなくなると老化が進み、やがて死に至る。
・人間の細胞の分裂回数を決めているのがテロメアとよばれる染色体。
・テロメアは1回分裂するたびに短くなり、約50回の分裂でその役割が終わり、分裂が停止する。

この原理から推定すると、人間は最長で120歳程度までしか生きられないらしいのですが、実は、人間の細胞の中にはがん細胞のような例外があり、この場合にはテロメアの末端を伸長させるテロメラーゼという酵素が働くため、細胞分裂は停止することなく、果てしなく増殖するのだそうです。

この酵素テロメラーゼを正常な細胞に作用させると、果てしなく新陳代謝が起きるため、理論上は何歳になっても、若々しく、死なない人間が生まれてくるということらしいのです。

実際に2010年、米国ネバダ州にある製薬会社Sierra Sciencesが、夢の新薬として開発したTA‐65が、ヒトの体内で老化を防止するテロメラーゼ酵素を活性化させることが、科学論文誌『Rejuvenation』で発表されました。

こうした問題が深刻に思えるのは、ヒトの「誕生」より「死」のコントロールのほうがはるかに難しいからです。

人には、いったん誕生してしまうと、死に対する恐怖感や無常感から、「健康である限り少しでも長生きしたい」という欲望が備わっています。そのような人間の生命をコントロールすることは果たしてできるのでしょうか？

その昔、日本には「姥捨て山」という強制死の習慣がありました。これは極貧で食糧不足になった農家が、家族を守るため、あるいは子孫を残すため食い扶持を減らす目的で、老人を山に捨てるというものでした。大変悲しい習慣ではありますが、当時の貧しい日本で、極限状態に追い込まれ、止むにやまれぬ選択だったのだろうと想像します。

ひるがえって、現代社会においては、少なくとも日本をはじめ多くの先進国では、「長生きしすぎた」という理由で人を死に追いやれるはずがありません。

先ほど紹介したように、テロメラーゼの研究が進み、これを利用して本当に不老長寿が実現できるようになれば、多くの人間は、「死なない」という道を選択することになるでしょう。

そうすると何が起きるでしょうか？　細胞が老化しなくなるので、赤ちゃんのようなみずみずしい肌を持った100歳、200歳の若者で地球は覆いつくされることになるのです。

このように、「死なない人間」が生まれ続ければ、地球の人口は人が生まれるだけ増え続けることになります。

「地球の人口耐性問題」を解決しようとすると、「少子化」を受け入れることはもちろん、「誕生禁止」という選択肢まで想定しなくてはいけなくなるかもしれません。

しかし一方で、生命の歴史を鑑みると、「誕生禁止」という選択肢は進化の道を閉ざすばかりではなく、「環境適応」が難しくなり、「種の保存」にとって大きなリスクになるという、パラドックスに陥ってしまうのです。

不連続な長寿化？

話が少し未来に飛んでしまいましたので、現実に戻りたいと思います。

厚生労働省の「平成28年版高齢社会白書」では、「将来推計人口でみる50年後の日本」の中で男性は84・19歳、女性は90・93歳まで生きられるとされています。

今現在、日本の平均寿命は女性が87歳くらい、男性が80歳くらいなので、それぞれ3～4歳さらに長生きになると予想されているのです。

日本の平均寿命の推移と将来推計

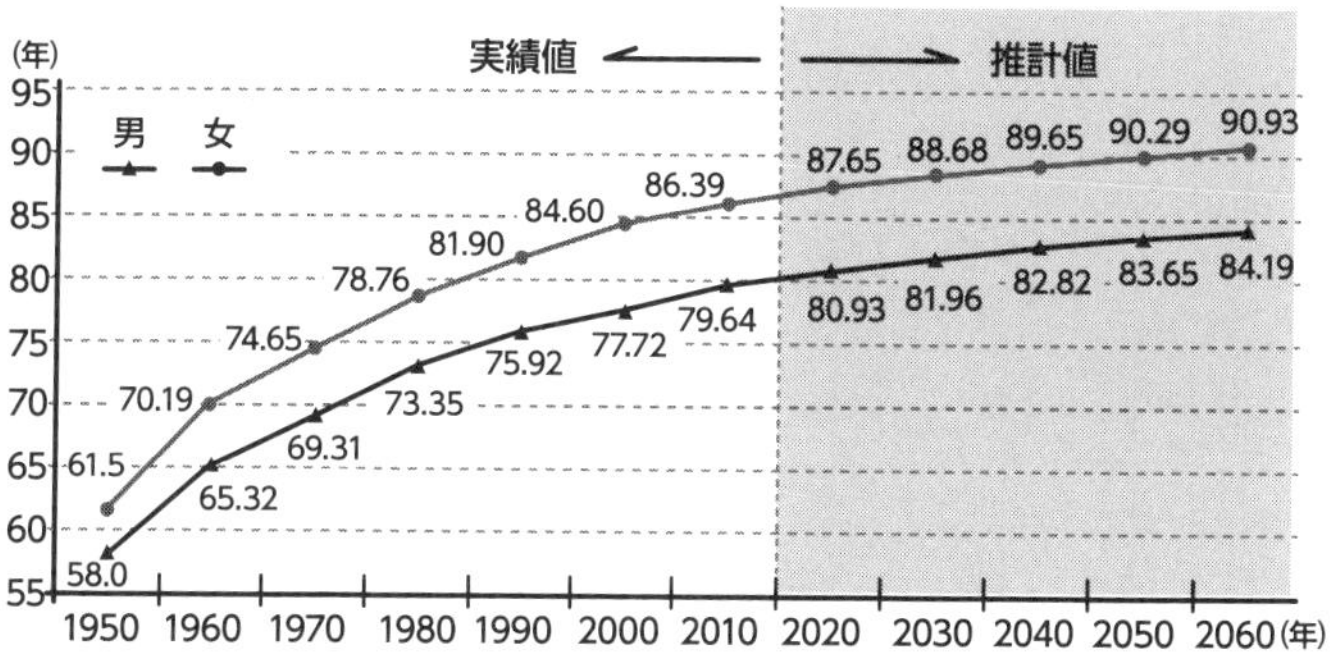

資料：1950 年及び 2011 年は厚生労働省「簡易生命表」、1960 年から 2010 年までは厚生労働省「完全生命表」、2020 年以降は、国立社会保障・人口問題研究所「日本の将来推計人口（平成 24 年 1 月推計）」の出生中位・死亡中位仮定による推計結果
（注）1970 年以前は沖縄県を除く値である。0 歳の平均余命が「平均寿命」である。
出典：内閣府『平成 25 年版　高齢社会白書』

一方、海外では人間の寿命はさらに伸びるという予測も発表されています。

例えば、アメリカのスタンフォード大学のシュリパド・トゥルジャパーカー教授は、「がん治療などの医療や老化防止研究が現在のペースで進み普及すれば、人間の平均寿命が２０３０年までに１００歳前後になる可能性が高い。ただし高価な先端医療を受けられる先進国に限られ〝命の南北格差〟は拡大する」と述べています。

またロシアの国家会議科学ハイテク技術委員会ワレリー・チェルシネフ委員長は、先進国の寿命は２０５０年までに１２０歳になると述べています。その根拠として、「哺乳類の平均寿命は、成長過程の5～6倍になるとの学説が証明された」ことをあげており、人類の進化的な観点から予測されているものです。

この研究では、平均寿命が120歳となるのは、現在の国民の平均寿命が80歳以上の国で、衛生環境や医療インフラの整備がされていることが条件とされているので、日本はこれに当てはまるのです。

この二人の予測を、先ほどの図表「平均寿命の推移と将来推計」にマッピングすると、165ページの図表のようになります。

二人の予想が、日本政府が採用しているグラフとは全く違っていることが一目瞭然になります。

なぜこのような違いが生じるのでしょうか。

自然死を前提とした人口動態予測の限界

今後の人口問題を考えるうえで、これまでとは異なる前提に立つべきだと、私は考えます。

二人の予測をマッピング

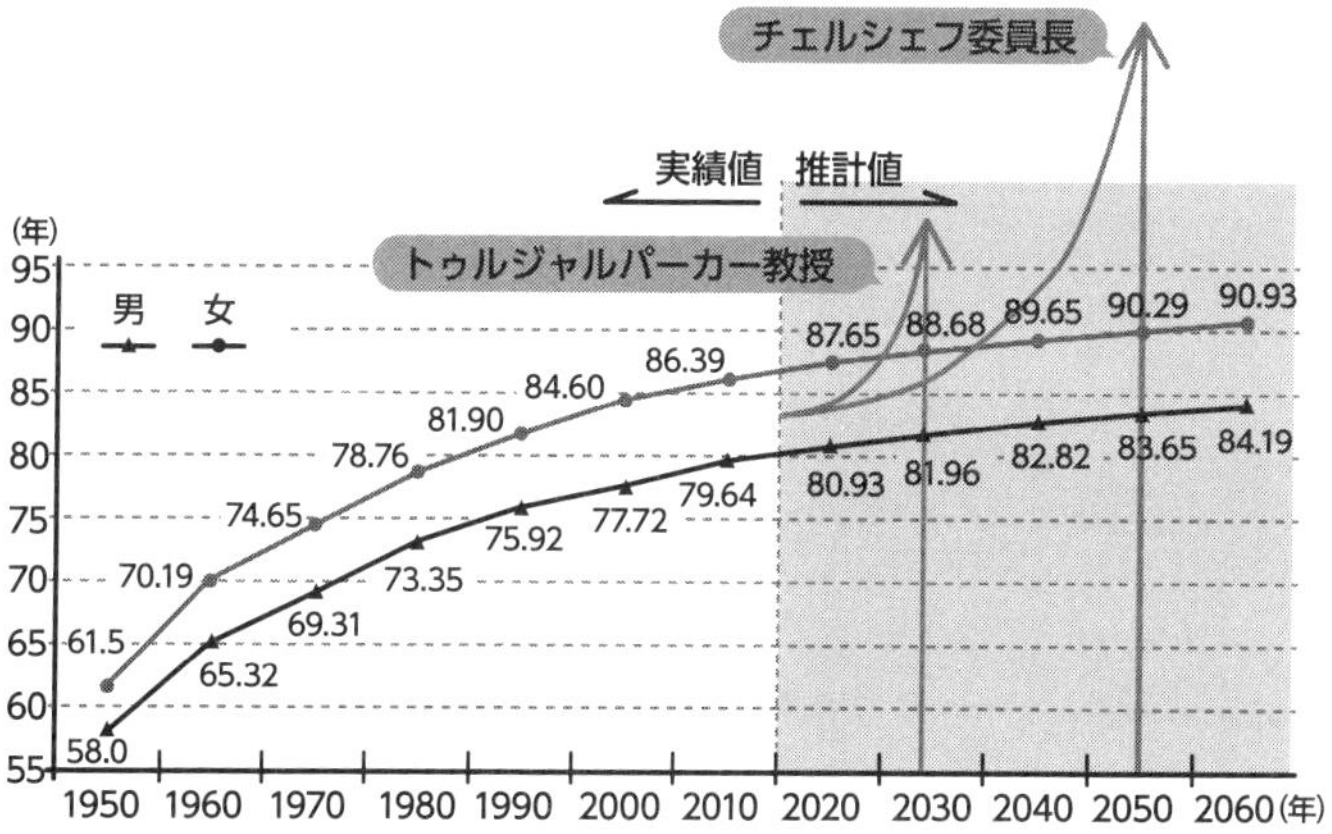

つまり、これまでの人口動態予測が正確だったのは、人間の生死が自然な形で行われてきた、という前提があったからですが、これが崩れます。なぜならば、今後は長寿を願う人間の欲望を満たすため、科学技術がさらに積極利用されるようになるからです。

特に、チップは、ウエアラブルからインプラントへ浸透し、テロメアの制御をはじめ、万能細胞の実用化、３Ｄプリンターで作成する人工臓器などを含めた生命科学の進化、高精度ロボットやナノボットの進化によるサイボーグ化、今後さらに進展するであろう情報メッシュ社会や人工知能の発達により、社会全体が人類をさらに長寿化させる方向に進化していくでしょう。

ＩＴ技術の進化から、将来実現しそうな「不老長寿」に向けた取り組みを何点かあげてみましょう。

1　ウエアラブルの進化

・生活反応の常時監視による早期治療
・ライフデータ（人間の食事・運動・睡眠などあらゆる行動パターンや生活反応）から健康長寿へのアドバイスや予防治療へフィードバック
・これらの活用による、迅速・的確な治療

2　インプラントの進化（３Ｄプリンター）

・多能性幹細胞と３Ｄプリンターによる自己細胞を使用した人工臓器
・人工血液、筋肉、神経等の積極利用
・擦過傷等の治療時に筋肉や皮膚細胞の直接噴霧

3　サイボーグ

・義肢の高度化
・脳の記憶データの抽出、蓄積、抽入
・神経信号の人工伝達

このようにコンピューターやＡＩが人間の長寿化に深くかかわり、かつ医療技術がさらに進化すれば、人間の寿命、特に「健康寿命」が格段に延びていくのは確実です。

このように、人間は自然な形で「死」を迎えることを望まなければ、永久に生きられるようになった場合、今までの人口動態予測の根拠は根底から覆ることになります。

地球の人口問題に対する選択肢

先ほども説明したように、日本はすでに人口がピークアウトし、すでに人口が減少するフェーズに入っています。それゆえに、少子化や人口減少社会に対する不安を述べる主張はもっともらしく聞こえてきますが、これはあくまでも日本という狭い領域で考えた場合の話です。

一方、世界規模で見直すと、過去10万年の人類の歴史の中で、初めての異常現象である「地球の人口爆発」が起きているのもまた動かぬ事実です。

さらに、今後遺伝子治療、予防医学、人工臓器等の生命科学の発展による長寿化が進み、正常な細胞分裂がヘイフリック限界から解き放たれる時が来るとすると、死なない人間が生まれるという説も決して絵空事ではないような気がしてきます。

第二の地球に移住するという考え方

一方、全く別の選択肢を検討している起業家もいます。第二の地球としての火星への移住です。

距離的にも組成的にも地球に近い火星は、地球から6～8カ月で到達することができ、他の太陽系惑星の中では相対的にテラフォーミング（人為的に惑星の環境を人類の住める環境に改造すること）しやすいので、そこにコロニーを作り人類を送り込むという計画が実際に動き出しています。Mars-one という企業が募集した計画では、地球への帰還は不可能という条件だったにもかかわらず、全世界から20万人の応募があったようです。

実際には、放射能や無重力状態が人間に与える悪影響等、長期間の居住環境をどのように整えるか、地球からの物資輸送がなくても自給自足の環境が実現できるのか、など、解決すべき課題が多く残されていますが、Mars-one は２０２０年からテラフォーミングを始め、２０２５年には最初に移住者を送り込むという計画（その後２０３１年に延期）を発表しています。

もしこれがうまくいけば、数十年か数百年後かはわかりませんが、後に地球の人口耐性が深刻になった時、有力な解決策の一つになることもあり得ない話ではありません。

地球という、生命を育むには奇跡的とも言える良好な環境の中で、これまで20億年以上かけ、良くも悪くも進化した結果生まれた人類という生命体が、自ら地球を破壊してもなお生き残りたいと望むなら、この選択肢しかないと言ってもいいのかもしれません。

２０１８年に入り、アポロ号以来50年ぶりに月面探査や月面基地建設等の研究報道がされるようになってきました。これらの報道から、火星移住の準備段階に入ったという方もいます。私はもちろん、地球が破壊されないことを望んでいますが、それとは別に、宇宙探査や地球外生命体との遭遇などは、ロマンにあふれているので、彼らの計画が実現することを心から祈っています。

テーマ3　少子高齢化の罠

この問題に関しては、少子・高齢化という言葉が使われ、これらがまるで一つの問題であるかのように使われますが、少子化と高齢化は全く別の問題で、別々の対処が必要です。

少子化は先進国の多くが抱えている共通の問題ですが、中にはフランスのように国を挙げた対策が奏功し、歯止めをかけた先例があります。

ですので、日本でも政府が本気で「子育て支援」を行えば、ある程度は回避できる可能性があるのではないかと考えています。もちろん断言はできませんが、少なくともフランスの例で実証されているので、日本で同じことができないという、明確な理由はないように見えます。

一方、日本には、経済的な問題がネックになって、子供を作ることをためらっている夫婦も少なくないのは事実です。

「結婚」というのは個人の選択で、さらに子育ては「夫婦の選択」なので、一概には言えませんが、このように、子供を産んで育て上げるまでに経済的な問題を抱えている人たちに、国が思い切った補助をすれば、少子化の問題はかなり解消する、少なくとも今よりは好転するのではないでしょうか。

さて、以下ではもう一方の高齢化について考えていきましょう。

2040年までは労働人口は減少しない？

173ページの図表を見てください。

これは、内閣府が発行した「平成28年版高齢社会白書」に掲載されたもので、総務省が2010年に実施した国勢調査と、国立社会保障・人口問題研究所が発表した「日本の将来推計人口」をもとに作られたものです。

さきほどの「平成28年版高齢社会白書」では、日本の将来の人口構造について、次のような一文が添えられ、将来訪れる超高齢化社会の到来について警鐘が鳴らされています。

年齢区分別将来人口推計

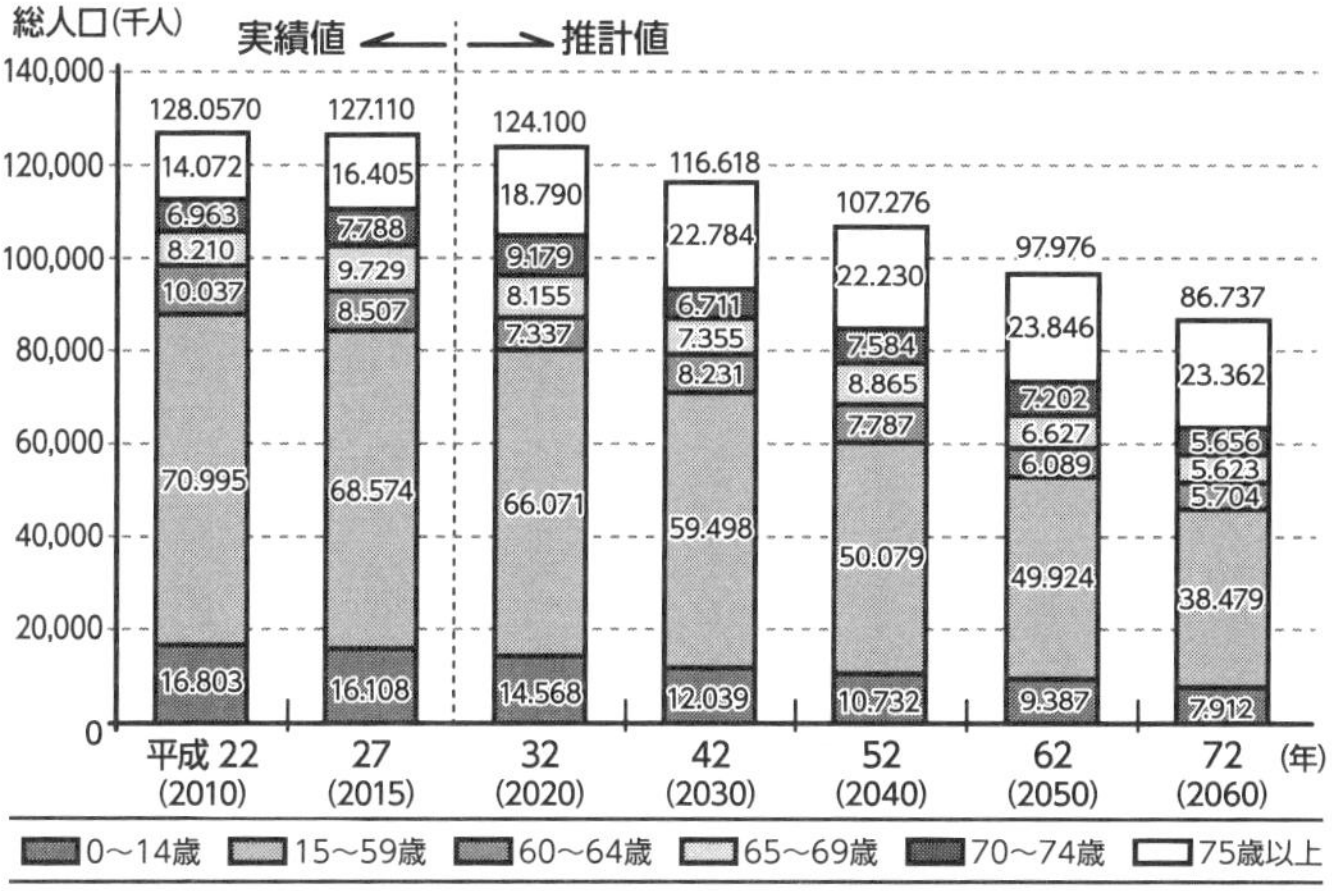

資料：2010年は総務省「国勢調査」、2015年以降は国立社会保障・人口問題研究所「日本の将来推計人口（平成24年1月推計）」の出生中位・死亡中位仮定による推計結果
（注）2010年の総数は年齢不詳を含む。
出典：内閣府『平成25年版　高齢社会白書』

「平成27（2015）年には、高齢者一人に対して現役世代2・3人になっている。今後、高齢化率は上昇を続け、現役世代の割合は低下し、2060年には、一人の高齢者に対して1・3人の現役世代という比率になる少子高齢化社会になる」

そもそも65歳以上が高齢者とされているのは、1956年に国際連合が発表したThe Aging of Populations and Its Economics and Social Implication（「人口高齢化とその経済的・社会的意味」）の中で、65歳以上を高齢者と定義し、その人口が総人口の7％を超えた社会を、高齢化社会と定義したことが発端となったという話を聞いたことがあります。

現在の日本の厚生年金制度が確立したのは、前述の国連の定義が発表された2年前の１９５４年とされています（ちなみに厚生年金制度の前身である「労働者年金保険制度」の発足は１９４２年です）。

日本の１９６０年時点の平均寿命は65歳、当時の定年は55歳だったので、厚生年金制度の黎明期の年金支給期間は平均約10年でした。

時がたち、１９８０年には日本の平均寿命は74歳になり、それに合わせて定年も60歳に引き上げられました（実際、60歳定年制が多くの企業に広まるには、約10年ほどかかっています）。

この時点でも年金支給期間は平均14年です。

しかし、その後も日本の平均寿命は順調に伸び、２０１３年には83歳になり、年金の支給期間は23年と、制度開始当初の2倍以上になってしまいました。

このままでは制度自体が崩壊するということで、政府は年金の支給開始時期を段階的に引き上げていく代わりに、65歳まで雇用を延長するよう企業に義務づけましたが、それでも支給期間は18年と制度開始の頃に想定していた期間を大幅に上回っています。

高齢化の推移と将来推計

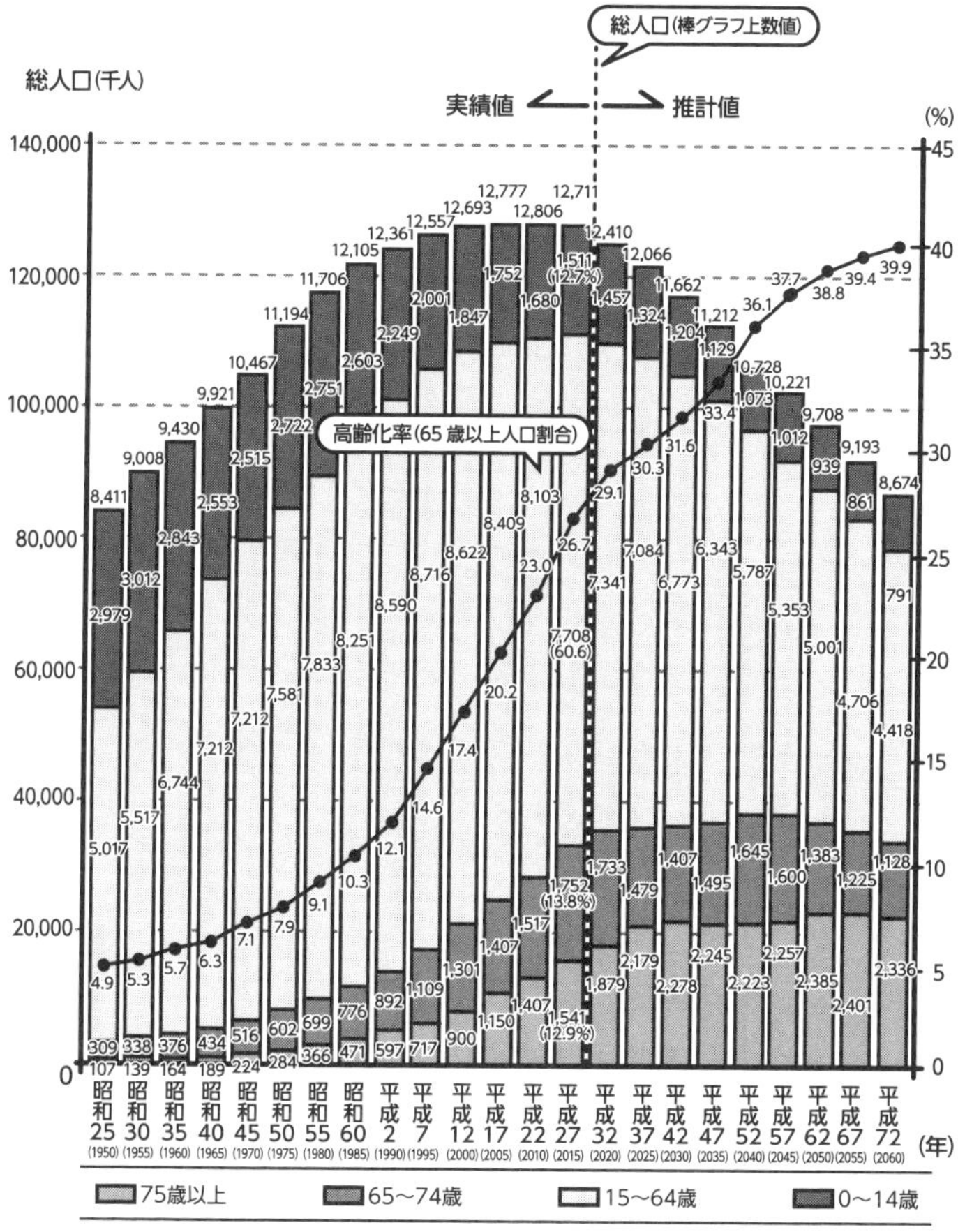

資料:2010 年までは総務省「国勢調査」、2012 年は総務省「人口推計」（平成 24 年 10 月 1 日現在）、2015 年以降は国立社会保障・人口問題研究所「日本の将来推計人口（平成 24 年 1 月推計）」の出生中位・死亡中位仮定による推計結果

（注）1950 年～ 2010 年の総数は年齢不詳を含む。高齢化率の算出には分母から年齢不詳を除いている。

出典：内閣府『平成 25 年版　高齢社会白書』

ちなみに、日本で55歳定年制が生まれたのは１９２０年代で、この頃の日本の平均寿命は43歳くらいでした。まさに55歳まで「生きて働いてくれてありがとう」という時代だったのでしょう。

ひるがえって現代、２０１６年の日本の平均寿命は男性が81歳、女性は87歳です。平均寿命というのは、人間が誕生してから、文字通り天寿をまっとうされ、亡くなられる前の期間のことを指します。

人間だれしも、年をとれば身体のあちこちに問題が発生し、若い頃のように自由に生活するのが難しくなる時期が訪れます。このような状況になる前、すなわち健康上の問題がなく、自立した生活を送ることが可能な期間が健康寿命ですが、２０１５年に発表された米ワシントン大の調査によると、日本が世界一で男性が71・１１歳、女性が75・５６歳だったようです（世界１８８カ国の２０１３年の健康寿命）。つまり、60歳で定年してもその後10年以上は健康で元気に働ける人が、日本にはたくさんいるということです。

実際、２０１６年版厚生労働白書には、60歳以上を対象にした、「仕事に関しての考え方」というアンケート調査の結果が載っており、「60歳以上の人の６割以上が、65歳を超えても仕事をしたい」と回答したことが公表されています。

理由はともあれ、大半の方が65歳を過ぎても働きたい（あるいは働かざるを得ない）と考えているなら、いっそ労働人口を10年延ばして75歳未満に変えてみてはどうだろうかという考えも自然とわいてきます。

仮に、75歳未満を労働人口ととらえなおすと、２０４０年の日本の労働人口は、２０１５年と比べても、大きく変化しないことになります（１７５ページの図表を参照）。正確には、２０１５年から若干少なくなりますが、今後寿命が延びることを想定すると今とほとんど変わらなくなると想定されます。

もちろん65歳でリタイアしたら、悠々自適な暮らしをしたいと考える人も多いので、74歳までを労働人口に組み入れることに抵抗のある方もいらっしゃるでしょう。

しかし、よく考えてみると、15～22歳を労働人口にカウントしていることもおかしな話です。戦後中学卒業生を「金の卵」と呼んでいた時代ならともかく、すでに高校進学率が97%を超えた今でも、彼らを労働人口に含めるというのは、どう考えても時代に合っていないと指摘せざると得ません。

国際比較をする際の算定基準とは別に、日本の労働環境を正確に把握するためには、このような統計の取り方も見直すべき時期に来ているのでしょう。

本当に労働人口が減りだした際の対処法

前項で寿命は年々伸びていくことを想定すると、今後20年をかけて74歳まで働く社会を目指すのも一考では？　という考えをご紹介しました。また、実際74歳までを労働人口に加えると、現在とほぼ同じ水準の労働人口が２０４０年までは確保できるというお話も紹介しました。

しかし、そうやって労働人口を確保しても、やはり２０４０年以降は、労働人口が減少してしまうのは確実です。では、そうなった時、日本は一体どうすればよいのでしょう？

第三章ですでにお話しした通り、今後、世の中は情報メッシュ社会に向かって進展していきます。

情報メッシュ社会では、個々人の予定に従って役所や病院、宿泊施設等に自動的に予約を入れたり、交通状況から最適な時間に駐車した場所から無人自動車が迎えに来るなど、個々人の行動を最も無駄なく低コストで行える、極めて効率のよい社会が実現します。

厚生労働省は２０１７年9月15日に、１００歳以上の高齢者（センテナリアン）が全国に

6万7824人いると発表しました。100歳以上の高齢者は、過去35年間で65倍になった計算です。また、今、小学校に通っている子供たちの半数が、100歳まで生きると予想するデータもあります。今の小学生が100歳になる頃には、つまり90年ほど先の未来には、健康寿命も90歳を超えていることが予想されます。

また、その頃には高齢者の身体をサポートする、高性能なマッスルスーツも実用化されているでしょうから、相当の高齢になっても若い世代と変わらずに働けるようになっていても何の不思議もありません。

このように高齢者も若い世代と遜色なく働けるような環境が整うと、もはや65歳とか75歳といった特定の年齢で、高齢者と労働者を切り分けること自体、意味がなくなってくると考えます。

日本は高齢化率が世界一と言われていますが、これは高齢者を65歳以上と決めてカウントしているからです。しかし、平均寿命、特に健康寿命が違うのなら、このような比較をすること自体が間違った判断を導いてしまうことにもなりかねません。

社会の実態を把握するため何らかの指標が必要ならば、特定の年齢ではなく比率を使う等の工夫が必要になってくるのではないでしょうか。

テーマ4
日本がやるべき働き方改革

2016年9月、安倍首相が内閣官房に「働き方改革実現推進室」を設置して以来、多くの言葉がメディアを賑わせました。テレワーク、非正規雇用の正規化、裁量労働制、インターバル規制、プレミアムフライデー、同一労働同一賃金、残業時間公表義務付け、高度プロフェッショナル制度……。

「こんなに多くの単語を並べられるといったい何をやればよいのかわからなくなってくる」という主張も一理あるように思えます。

あえて分類すると「一億総活躍社会の実現（女性や高齢者の活用、柔軟な勤務体制の整備等）」と「長時間労働の抑制」の2つの目標があるように見えます。前者に異論を唱える人は少ないと思いますが、後者には問題が山積しています。

例えば、もしこれが「過労死の撲滅」なら反対者はいないでしょうが、政府として明確な生産性向上策を示さないまま残業上限だけを法制化しようとしている点が、私としては大変気になります。

１９９８年以降20年間続いてきた「強制力の無い大臣告示」（「労働省告示第１５４号」）である36協定の残業上限をいよいよ法制化するということは、今後はこれを守らない企業は刑事罰を受けるということです。

労働生産性対策なくして残業規制なし

「残業時間ゼロ」でも顕著に業績を伸ばしていったことで有名な、トリンプ・インターナショナル・ジャパンの元社長、吉越浩一郎氏は「仕事を能力×時間×効率の３次元でとらえることが重要だ」と言っています。日本電産の永守重信社長も「ただ残業時間を減らすだけではだめだ。業務改善などの対策と並行して進めてきた」と言っていました。つまり、お二人とも「時短と労働生産性の向上はセットで考える」点で一致しています。

中小企業の中には一生懸命働いてくれる社員のために賃上げをしたいと考えている経営者もいますが、やみくもに賃金を上げると固定費が上昇し赤字体質になりやすくなります。また賃金はいったん上げると下げにくいという不可逆性があるため、ボーナスを上げてもベースアップや定期昇給を上げることには二の足を踏む経営者も多いでしょう。結局、ステークホルダー全員がハッピーになるためには、労働生産性を上げるような施策、つまり高付加価値化が最も有効な解決策の一つになります。もちろんイノベーションを起こすことができれば、売り上げに対する変動費の比率が下がるので、賃金を上げやすくなるわけです。

日本人は働きすぎか？

ところで、日本人は本当に働きすぎなのでしょうか？　少なくとも経済協力開発機構（OECD）の２０１６年の「世界の労働時間 国別ランキング」によると、世界主要国の中で日本の年間総労働時間は１７１３時間で22位、これは世界平均より50時間少なく、米国よりも70時間少ないのです。

ちなみにこの統計によると、総労働時間で世界ランク３位の韓国は、日本より３５６時間多い２０６９時間、中国には公式データはありませんが、２２００時間という調査資料もあるようです。

もちろん、イギリス（1658時間）やドイツ（1371時間）のように労働時間が短く、「一人当たりGDP」が日本より上回る労働生産性の高い国も忘れてはならないでしょう。ただ、例えばドイツの場合、高賃金により周辺国へ工場移転し産業の空洞化が問題になっているというように、文化、産業構造、社会システムが異なる国同士を単純に比較すべきではありません。

しかし、例えば日本では、世界より周回遅れと言われる人工知能等を含めて今後のイノベーションはスタートアップ企業の活躍に期待するところが大きいのですが、そのような若くて将来有望な企業まで、法律で労働時間を縛ってしまうと、日本産業の発展に水を差すようなものではないでしょうか？

残業カットの副作用

厚生労働省が発表している毎月勤労統計調査（2017年11月確報）によると、5人以上の事業所の場合、月給に占める残業代の比率は7・8％。この残業代が減ってしまうと、賃上げが実現しても個人の所得としては相殺されてしまいます。しかも残業代の比率は企業規模が大きくなるにつれて上昇する傾向にあり、連合総研が２０１６年10月に実施したアンケート調査では、残業手当を生活の当てにしている人は全体の１割、年収６００～８００万円では17％を占めるそうです。

長時間労働によるストレスでの自殺や突然の過労死等、痛ましい事件は記憶に新しいところですが、一方で急激な残業カットによりローン地獄に陥り、社内で首つり自殺したという事件が起きていることも忘れてはいけません。

ところで、「過労死ラインは80時間」。これはいったい誰が決めたのでしょうか？

長時間労働がもたらす心と体の健康への悪影響は、個々人の特性や仕事への満足度によっても異なるのではないでしょうか？

このような課題を解決するために、近未来ではバイオセンサーによる心と体の体調管理をしているでしょう。これにより残業をしただけでストレスを感じるような人も早めに対処することができるようになります。このような仕組みを活用して、残業１００時間を超えても体調万全であり本人に意思があるならば働いてもらってはどうでしょうか？

政府がやるべき政策とは？

２０１８年1月5日に開催された経済三団体共催の新年祝賀パーティーで安倍総理が「今年の賃上げ３％をお願いしたい」と挨拶したのを聞き、２０１５年に「希望出生率１・８について２０２０年代半ばに実現する」と表明したことを思い出しました。

ＫＰＩは確かに大事ですが、やみくもに数字を振りかざしても効果は期待できません。行政の長ならば、その数字を国民に達成してもらうための政策を明らかにすべきでしょう。

後者に関しては幼児教育の無償化等の対策が出ていましたが、前者の労働生産性向上策に関して具体的な政策は聞けませんでした。

インターネットやコンピューターは米国発で今や中国や韓国にも勢いが出ています。ドイツにもソフトウエア産業を支えているSAP社などが活躍していますが、日本のソフトウエアの輸出は輸入の８％程度だという統計もあります。日本の産業構造はこのままでよいのでしょうか？

またチップが社会全般に浸透し日々イノベーションが起きている中で、年功序列、終身雇用制度が最適な雇用形態なのでしょうか?
「雇用の調整弁」についても国民的コンセンサスを得るべきでしょう。欧米型の「職務と経験」を重視し計画的に雇用調整できるようにするのでしょうか。多重請負システムを形成して人員調整は下請にお任せのまま行くのでしょうか。
2011年のビジョナリーサミットの基調講演で、元米国マイクロソフト社の「七賢人」と言われた中島聡氏が「なぜ日本でiPhoneを開発できなかったか」について語った内容をご紹介します。

「日本はセンスが無いわけではない。ただものづくりの姿勢が違う。スティーブ・ジョブズのところに仕様書は上がってこない。プロトタイプをみせては直すの繰り返し。日本は稟議書から始まり完璧な仕様書を作り下請けに投げる。下請けは天下りか接待で決まる関係会社だったりする。そんな会社に開発できるわけがない」

「3%の賃金アップ」を訴えるのは簡単ですが、その前に政府のやるべきことは少なくないようです。

テーマ5　セキュリティ問題

「怪しいメールや添付ファイルは開かないように」

「機密情報は多層防御で守りましょう」

もしあなたが社員に向かってこんなことを言っているなら、最新の情報セキュリティに関して見直してみてはいかがでしょうか？

日本では２０１３年12月に国家安全保障会議（日本版ＮＳＣ）が設置され、２０１４年11月にサイバーセキュリティ基本法が成立、２０１５年1月には政府機関のサイバーセキュリティ政策を担う「サイバーセキュリティ戦略本部」が内閣官房に設置されました。２０１６年３月29日０時から集団的自衛権の行使が可能となり、同５月には刑事訴訟法の改正でいわゆる「自由盗聴法」が国会で可決、２０１７年は「共謀罪」から始まりました。

一連の法整備は、例えば日本を諸外国による「力による現状変更」や「サイバーを含むテロ攻撃」から守るためだと解釈できます。特にサイバー攻撃は眼に見えずその脅威を肌で感じることが難しいために経営者にとっても厄介なリスクだと言えます。

例えば韓国では、2013年3月にKBSをはじめとする主要放送局や金融機関などが一斉にサイバー攻撃を受け、約800億円の被害が出ました。また2015年4月にはフランスのテレビ放送網TV5モンドがISISからのサイバーテロにより系列の11局で放送が不能になっています。

ITの世界に身を置く私としては、少なくともサイバーテロ対策に対する政府の動きに関しては共感するところが多いので、ぜひとも国会で議論を尽くし国民的なコンセンサスを得てほしいと願っています。

もはや経営者も他人事ではなくなった

情報セキュリティに関して、企業経営者や取締役にも責任があるという判決（東京地裁平成26年1月23日判決、等）が出ました。この事件は「クレジットカード情報の流出」、その原因は『SQLインジェクション攻撃』というデータベースをアクセスするコマンドへの対策ができていなかったことです。

いくつかの判決において総じて言えることは、企業の情報セキュリティ対策が「その当時の技術水準」に達していない場合、取締役が「善管注意義務違反」で会社に対して責任を負うとされていることです。「その当時の技術水準」の見極めとしては、省庁等が公表しているガイドラインや情報処理推進機構（ＩＰＡ）等の団体が発行する各種の文書で対応の必要性が説かれていることが判断材料になるようです。会社としては個人情報を漏洩された本人の集団訴訟により慰謝料が請求され、また個人情報委託元の会社からは「債務不履行責任」を問われることもあるでしょう。つまり経営者にとっては「呪文」のように聞こえるかもしれない「ＳＱＬインジェクション攻撃」であっても、もはやその対策を怠っていることに関しては責任を免れない、ということです。

そこで、中小企業の経営者であっても、一般国民が接することのないインターネットのダークサイドの世界の初歩的な知識をご紹介しておこうということで、このテーマを設けました。

私は情報セキュリティやサイバーテロ対策の専門家ではないので、その実態の全容がわかっているわけでも、ブラックハッカーの攻撃を防御したり分析したりしているわけでもありません。しかし、最近8年に渡り調査してきたことの中から、中小企業の経営者でも知っておくべきイロハのイを差しさわりのない範囲でお話ししたいと思います。

ロンドンオリンピックの教訓は生かされるのか？

２０１２年のロンドンオリンピックにおいては、２週間で延べ２億２１００万件以上のサイバー攻撃が行われましたが、英国は総力を挙げて何とかそれを防ぎ切りました。この時の状況は、２０１４年2月にＩＰＡも取りあげられ、様々なメディアでも報道されています。

残念ながら我が国の隣国でもサイバーテロの専門の専門部隊（軍隊）がもはや世界最先端のテクニックを駆使して日々攻撃を仕掛けているというのは、我々ＩＴ業界ではもはや常識となっています。

これに関して、政府もただ黙って見ているわけではなく、２０１３年ごろから当時ＮＩＳＣ（内閣官房情報セキュリティセンター）の副センター長で谷脇康彦氏（現、政策統括官）らが広告塔となりＧＳＯＣ（政府機関情報セキュリティ横断監視・即応調整チーム）、ＣＹＭ

AT（情報セキュリティ緊急支援チーム）等の政府の政策をアピールしています。前述したサイバーセキュリティ基本法が2015年1月9日に全面施行された時には「平和が当たり前のようになってしまった日本も少しはまともなサイバーテロ防御体制が敷かれるかもしれない」という一縷の望みを持ちました。

しかし残念ながら、それからわずか4カ月後の2015年5月に、日本年金機構が大規模な情報漏えい事件を起こしてしまいました。「EMDIVI（エムディヴィ）」と呼ばれるマルウエアとその亜種を利用した標的型攻撃を受けたようです。

確かにこの手の攻撃を完全に防御するのは事実上かなり難しいのですが、問題はそこではなく、一般業務用パソコンで生の年金情報ファイルをパスワードなしで扱っていたり、その後の報告や対応もかなりお粗末なものだったことが問題になりました。

その後も2016年には警察庁、厚労省、財務省、金融庁等の省庁のサーバーが立て続けに攻撃を受けています。

セキュリティ人材不足の深刻度

２０１６年には経済産業省から「２０２０年までにセキュリティ人材が20万人不足」という報告がありました。そのような状況で２０２０年の東京五輪、パラリンピックに対してロンドンの時のようなサイバーテロの集中攻撃を受けても無事に乗り越えられるのでしょうか？　２０１７年４月には警視庁も動き出し、「サイバー攻撃特別捜査隊」を「サイバー攻撃対策センター」に格上げして１００人体制で「サイバー攻撃から日本を守る」と宣言しており、大いに期待したいところですが、少なくとも人数的には一桁少ないと思いますので今後の人員強化に期待したいところです。

ダークサイドの脅威

インターネットのダークサイドの世界では、ブラックマーケットが確立し、サイバー攻撃をするためのエコシステムができ上がっています。例えば、①マルウエアの提供者、

②攻撃用の不正サイト提供者、③セキュリティホールから侵入するツールの提供者、④実際の攻撃者、等のように役割分担をしています。

ここ数年注目されているのは、サイバー攻撃をするためのクラウドサービスです。例えば２０１４年にはこのようなサービスを利用して、「ＤＤｏＳ攻撃」を行い、オンラインゲーム会社のサーバーをダウンさせた高校生が書類送検されました。ＤＤｏＳ攻撃とはデータを大量に送り付けてサーバーをダウンさせる攻撃手法です。

この手のサービスは、攻撃対象のサーバー名（あるいはＩＰアドレス）と攻撃力、攻撃時間を指定するだけで簡単に利用できます。利用料金も１００秒間の攻撃で約６ドルと手頃で、高校生（犯行当時は中学生）でも小遣い程度のお金で攻撃できたわけです。

最近ではＤＤｏＳ攻撃に対処するための有力なクラウドサービスなどが出ていますが、我々が対処しなければならない相手は、例えば原発、医療、水道、鉄道等の重要インフラや五輪・パラリンピック等に対して仕掛けてくる用意周到な攻撃です。彼らは時には数千万ドルを稼ぐと言われる腕ききのブラックハッカーで構成されるミリオネア集団だったり、国家から膨大な資金援助を受けたサイバー攻撃部隊（軍隊）だったりします。その手口はターゲットを絞り込み、長期間にわたりステルス性の高いスパイ活動を行い、その状況分析を把握したうえで執拗に、また巧妙に攻撃を仕掛けてきます。

最も防御が難しいとされるのが、特定の人や組織を狙って確実に欲しいものを手に入れる「標的型攻撃」と言われる手法です。

例えばマルウエアが仕組まれたファイルを開かせるために、人事担当者に履歴書を添付したり、広報課に取材申込書を添付したメールを送付し、業務の遂行上、添付ファイルを開かざるを得ない状況を利用するわけです。したがって高価な機材を購入して万全な多層防御システムを構築していても、マルウエアの侵入を完全に封じ込むのは困難だと言われています。

毎年報告されている、その年の高度な脅威を解析・調査した「Mandiant M-Trends®」（通称マンディアント・レポート）の中に「セキュリティ侵害の発生から検知までに要した日数」という項目があります。私はこの項目に注目をしているのですが、２０１４年版は２２９日、この日数は毎年減少しており、それでも２０１７年版には「99日」でした。

標的型攻撃の場合、感染してから情報窃取までに最短で7分程度と言われていますので3カ月というのは攻撃者にあり余る時間を与えていることになります。

日本の優秀なセキュリティ技術者やホワイトハッカーと呼ばれる正義の味方が昼夜を

問わず防御してくれていることを忘れてはなりませんが、それにしても政府はセキュリティ人財育成にもっと財源を割り当てるべきでしょう。

２０２０年の新聞紙面に「サッカーの試合中に停電し競技中止、観客席はパニック」「測定機が虚偽の判定」「電光掲示板に領土問題の表示が」等のような文字が躍らないことを祈るばかりです。

国立競技場をはじめオリンピック会場の「ハコモノ」のコストの話ばかりがメディアで取り上げられますが、サイバー攻撃対策にも注目してもらいたいものです。

情報セキュリティに対する会社の心得

サイバーテロに関する基本的な知識をまとめるとそれだけでも一冊の本になります。それほど奥が深く広い世界ですが、今回はその氷山の一角のさらにその先っぽだけを駆け足で紹介しました。興味のある方はぜひとも情報セキュリティの入門書を読んでみてはいかがでしょうか？

そんな暇はないとおっしゃる方向けに会社として最低限やっておくべきことをかいつ

まんで紹介しましょう。

中小企業にはセキュリティの専門家がいないケースの方が多いと思いますが、それでもできることはたくさんあります。

1　まずは自分たちの資産の中で守りたいものがあるかどうか、どの程度守りたいかを検討しましょう。会社の存続にかかわるような重要な資産がある場合には、やはり専門家に相談すべきでしょう。

2　また自分たちには守りたいものがない場合でも関係会社や親会社にある場合には、侵入経路に使われる可能性があります。またそういうこととは無関係に攻撃の踏み台にされることもありますので、Ｗｅｂサイトの構築やメールサーバーなどは信頼のおける業者のものを使うべきでしょう。

3　できればセキュリティ対策の基本方針を立て、何をどの程度守りたいのか、その対策をどうするのか、防御にどの程度の投資が可能なのかをあらかじめスクリーニングしておくことだと思います。

ここ2、3年の業界のサイバー攻撃に対する共通認識としては、「狙われたら完全防御は不可能なので、侵入をなるべく遅らせる、そしてなるべく早く検知し被害を的確に把握して速やかに復旧させること」です。

経済産業省も2017年11月になりようやく「サイバーセキュリティ経営ガイドライン」を改訂しVer 2・0を公開しました。内容的には業界の共通認識に合わせて改版したというものですが、概略だけでも一読することをお勧めします。

個人としての対策―自分たちもツールで防御しよう。

アンチマルウエアソフトの導入は必須で、毎日更新情報を確認すること、そしてパソコンの使用頻度や会社の資産やセキュリティ強度状況にもよりますが、まずは週に2回程度はフルスキャンを行うことをお勧めします。その後、感染の程度により最適な回数を決めることです。

個々人が使えそうな便利なツールの一部を紹介しておきます（サイトは2018年1月時点で有効と確認したもの）。

・怪しい添付ファイル等があった場合に便利なマルウエア判定ソフト
VirusTotal（https://www.virustotal.com/ja/）等

・自分のアカウントが流出しているかどうかを確認するサイト
Have I been pwned?（https://haveibeenpwned.com/）等

・ドメインの素性（登録車情報等）を知るサイト
Whois（http://whois.jprs.jp/）等

・ブラウザの健康度チェック
Qualys（https://www.qualys.com/）等

テーマ6　人工知能とオープンソースソフトウエア（OSS）

Googleの人工知能をオープンにする理由

２０１５年11月9日にGoogle社は、同社の画像認識や、音声認識、翻訳や広告など、Googleの主要なサービスに利用している人工知能（ディープラーニング）「TensorFlow」をオープンソースとして公開（Apache 2.0ライセンス）しました。

Googleは２０１２年に人工知能に「猫」の画像を認識させることに成功して人工知能ブームの火付け役となりました。これを成功させるために必要だったのは１０００万枚とも言われる大量の画像と優秀な人工知能技術者でした。

GoogleにはYouTubeをはじめ、Google Map、Google Photos等、データに関しては最も保有している企業の一つでしょう。ならばあとは優秀な技術者をいかに集めるかでビジネス的にかなり有利になります。そこでこれを確保するために最も効率の良い方法がオープンソース化だったのではないでしょうか？

例えば、当初は不安定だったLinuxが、オープンソース化したとたん、世界中の優秀な技術者がよってたかって改善を行い、あっという間に品質や機能が向上しサーバー用OSとしての地位を築いたという歴史がそれを証明しています。

ここで「チップはより低価格で幅広いプラットフォームを好む」という第一法則を思い出してください。人工知能開発用のオープンソースは増え続けていますが、今後社会インフラのプラットフォームとなるであろう人工知能のプラットフォームを握った企業がビジネス的にも大きなアドバンテージを持つのは間違いないでしょう。

オープンソースライセンスと著作権

皆さんは日本の著作権法にも「改正派」と「踏襲派」に分かれているのをご存知でしょうか？　現行法を踏襲しようと主張する方々の根拠には、１８９９年という比較的早い時期にベルヌ条約に加盟し、１９７０年に現行の著作権法が確立して以来、時代に応じた「改正」を繰り返すことにより対応してきたという実績があるのだと思います。

しかし日本のプログラムに関する著作権に関しては、大型コンピューターの互換機ビジネスでおとり捜査によるＩＢＭ産業スパイ事件が起きたことにより、米国からの圧力がかかり、１９８５年に急遽、著作権法に組み込まれたという経緯があります。そのためプログラムの保護という観点からは決してわかりやすい法律になっているとは言えません。

どういうことかというと、オープンソースライセンスは「約款」であり法的な位置づけとしては「契約」に類するので、少なくとも日本の民法（90条など）では「強行規定や公序良俗に反しない」限り、当事者間の自由意思で合意した内容は有効です。

しかし、日本の著作権法は文学、美術、映画等、本質的に性質の異なるものが混在しており、しかもどこまでが強行規定なのかが極めて曖昧なものになっているためオープンソースライセンスとの折り合いを難しくしているというわけです。

テーマ7 人工知能の創作物と著作権

画像認識から始まった人工知能の技術ですが、その応用は２０１５年には芸術の分野にまで広がっています。

1　文学を書く

２０１６年3月、人工知能が書いた作品を「星新一賞」に応募したところ、受賞には至らなかったものの、一次選考を通過したと報道されました。この人工知能を開発した名古屋大学の佐藤理史教授は、「人工知能が一から小説を書いたと言い切れるまでには至っていないが、数千字に及ぶ意味のある文章を書くことができたのは大きな成果だ」と述べました。

2　作曲する

人工知能を利用してオリジナルの楽曲を作成できるオンラインサービス「Jukedeck」が、2015年12月7日（米国時間）に公開されました。これは、ジャンルや曲調、曲の長さを指定するだけで、たった数十秒で誰でも簡単にオリジナルの楽曲をつくることができるというサービスです。

3　絵を描く

人工知能が絵画を作成する試みは海外では2015年ごろから話題になっています。例えばドイツの研究者の論文〝A Neural Algorithm of Artistic Style〟をはじめ、写真・画像の合成サイトOstagramでは写真から「ムンクの叫び」風、ピカソ風などに画像生成することができ、「らくがき」から動物風に画像生成するDrawzee等も登場しています。

そして、ようやく経済産業省が立ち上がりました。

12月27日付の日経新聞に、『AIの利益、どう配分　開発企業とデータ提供元　経産省、指針づくり』という記事が掲載されましたが、皆さんの中にはやや唐突のように感じた方もおられるでしょう。この問題は2003年に成立した「知的財産基本法」に基づき内閣に設置された「知的財産戦略本部」が2016年あたりから検討していたものでした。

そして２０１７年５月に提出された「知的財産推進計画２０１７」はSociety５・０を実現するために人工知能、データ、コンテンツ、デジタルアーカイブなどに踏み込んだ言及をしています。

では今後、人工知能が生み出す利益や利用権限は誰に帰属し、損害が出た場合の補償の責任はどうするのでしょうか？

前述の通り、少なくともディープラーニングには大量のデータと優秀な技術者が必須であり、また今後は個々人向けに特化したサービスが増えていくことが予想されます。

例えば金融で言うと、データ自体は市況や取引情報であり、商品はAさん個人に向けた、ベストな投資判断を人工知能が行うといった資産運用サービスを提供するものだとすると、そこで生まれた付加価値に対する対価は、誰がどのように支払いあるいはそれを分配するのか？　そこで大きな損失が生まれた場合には誰が補償をするのか？

こうした問題は第４次産業革命の中では避けて通ることができない重要な課題です。

経済産業省は今年３月にも契約のひな型となる指針をつくるそうなので「知的財産推進計画２０１８」とともに大いに期待したいところです。

おわりに

最後まで読んでいただいてありがとうございました。

私は大手精密機械メーカーで35年間、イノベーション（製品開発や研究開発）に従事する中、その方向性を探っているうちに「利己的なチップの法則」を見出しました。

その後、経営トップの参謀として全社を俯瞰した様々な調査活動、推進活動を行い、政界、財界、学会のリーダー１０００人以上とお会いする業務をこなす中で成功企業にはパターンがあることもわかりました。

そこで株式会社ベーネテックを起業し、イノベーションコンサルティングパートナー（イノコンパートナー®）として経営コンサルティング活動をしております。

中小企業には「身の丈に合ったプチイノベーション（プチイノベ®）」を掲げ、経営者のパートナー（参謀）として経営支援をしております。

本書は３年前から構想していたものです。

「シリコンバレー、深セン、シンガポール、インドのバンガロール、みな頑張っている。日本ももっと盛り上がろうぜ」

ただそれだけの思いを原稿用紙350枚分に詰め込んで出版社に持ち込んだのが1年前です。

本書の最終原稿をチェックしている最中にうれしい知らせが届きました。

知人の玉川憲さん率いる株式会社SORACOMが2018年2月22日にベンチャー大賞で経産大臣賞を受賞したのです。

わずか3年でここまで来るのはまさに快挙、友人としても誇らしいかぎりです。

私としてはこのような素敵な方が日本に1000人は出てきてほしいと考えてますので、もし本書を読んだ方が一人でも多くイノベーションに興味を持ち果敢にチャレンジしてくれるなら私にとってこのうえない幸せです。

最後になりますが、出版を決意するにあたり先人から「最初の出版は大変だぞ」とアドバイスを受けておりましたが、やはりその通りで途中想定外のことやハプニングがありましたが、どんな時でもあたたかく励ましてくれた株式会社現代書林・松島一樹部長、心が折れそうな時に神の編集力で助けてくれた株式会社グラシア・桑田篤氏には大変感謝しております。

また執筆中の1年間は弊社のメルマガである「べーネテック通信」を中断しており、多くの方から再開を望む声を頂きました。大変光栄なことですがご迷惑をおかけした分はこの本に免じてお許しください。

もちろん、一段落したらべーネテック通信は再開させていただきます。

皆さんにとって、さらには日本にとってより良い未来が広がることを願いつつ、終わりの挨拶とさせていただきます。

イノコンパートナー　狩野国臣

リアル　イノベーション　マインド
Real Innovation Mind

2018年4月30日　初版第1刷

著　者…………………　狩野国臣（かのくにおみ）
発行者…………………　坂本桂一
発行所…………………　現代書林
〒162-0053 東京都新宿区原町3-61 桂ビル
TEL／代表 03（3205）8384　振替 00140-7-42905
http://www.gendaishorin.co.jp/
デザイン……………　岩泉卓屋（IZUMIYA）・桑田篤（GLACIA）

印刷・製本（株）シナノパブリッシングプレス
乱丁・落丁本はお取り替えいたします。
定価はカバーに表示してあります。

ISBN978-4-7745-1698-1 C0034